本書の構成と利用法

　本書は，大学入学共通テストの英語（リスニング）に向けての実践練習のために編集されたオリジナルの問題集です。形式，内容，レベル，実施時間など，すべて大学入学共通テストに基づいています。

　音声は，紙面上の二次元コードからも聞くことができます。

大学入学共通テスト　英語（リスニング）の概要と設問別分析

　実際の大学入学共通テストをもとに，リスニング問題の概要や特徴などをまとめ，各大問について分析しました。問題形式ごとに，聞き取りの注意点や正解を導くためのポイントにも触れていますので，問題にあたる前にひと通り読んでみましょう。

問題（本番形式30分）× 7 回

　テスト問題は 7 回分用意しています。

　＊1-1，＊1-2 などの番号は，CD のディスク番号とトラック番号を示します。

　解き終わったら巻末のふり返りシートに得点を記入して，今後の学習に役立てましょう。

　本書を使ってリスニング力を高めることは，大学入学共通テストをはじめとする大学入試や外部試験のリスニング問題に対処するためだけでなく，英語でのコミュニケーション能力を高め，使える英語を身につけるのにも役立つでしょう。有効に活用して，英語の力を伸ばしてください。

大学入学共通テスト 英語(リスニング)の概要と設問別分析

■リーディングとリスニングの配点が同じになり，リスニング対策がますます重要に！

- リスニングはリーディングと同じ100点です。センター試験(リーディング200点・リスニング50点)よりもリスニングの比重が高くなりました。

■「思考力・判断力・表現力」が問われる！

- リスニングの場合には，スクリプトの内容がそのまま正答の選択肢に反映されるわけではなく，例えば，読み上げられる内容からどのような状況であるかを思考・判断することが求められる設問が見られます。
- 話者の立場を判断する問題や，複数の説明の中から最も条件に合うものを比較して選ぶ問題など，思考だけにとどまらず判断力を要する設問が見られます。

■「知識・技能」については「活用する力」が必要！

- 「知識・技能」は語彙や文法といった言語材料や音声に関することと考えてよいでしょう。
- 知識としての文法ではなく文法の活用を意識した設問も出題されることが考えられます。
- 音声面では，アメリカ英語以外の読み上げ(イギリス英語や英語を母語としない話者による読み上げ)もおこなわれています。ただし，英語を母語としない話者による発話であっても，極端に発音が異なるということはありません。

■設問別の対策を十分に！　前半の2回読みの問題で高得点を！

- 第3問以降の問題は1回読みということもあり，難易度が上がります。一方，第2問までの問題は2回読みで，取り組みやすい問題といえるでしょう。
- 配点は全体的に大きく変わりませんので，設問別の対策をしっかりおこなって，序盤の易しい問題で取りこぼしをしないことが重要です。
- 第4問以降の長めの英文を聞く問題では，必要に応じてメモを取りましょう。設問の選択肢をふまえて「何を聞き分けるべきか」を予測したうえで，大切だと思う情報のメモを取るとよいでしょう。

第1問A	単一の人物の発話が読み上げられ，それに最も近い意味の短い英文を選択する問題。
	【小問数】4問　　　　　　　　　【配点】各4点
	【読み上げ回数】2回　　　　　　【スクリプト】10～20語

● 問われる知識・技能 ●

第1問は単一の人物の発話というスクリプトの性格上，話の展開よりも言語材料の知識が必要とされる割合が比較的大きいと考えられる。また，短縮，脱落，連結，同化，強形と弱形，抑揚などの音変化にも注意する。

● 問われる思考力・判断力・表現力 ●

受検者が音声再生前に見られるのは選択肢の4つの英文だけで，読むための時間は与えられないため，音声を聞いて瞬時に，発話がなされる場面をイメージする必要がある。第2問以降とは異なり，第1問では発話の場面は明示されないので，だれの，だれに対する発言なのかを理解することがポイントとなる問題もある。

第1問B	単一の人物の発話が読み上げられ，その内容を表すイラストを選択する問題。
	【小問数】3問　　　　　　　　　【配点】各3点
	【読み上げ回数】2回　　　　　　【スクリプト】10～20語

● 問われる知識・技能 ●

第1問Aと同様，文法事項や慣用表現など，ある程度の言語材料の知識が必要になるだろう。あまり発展的な文法事項や表現は出題されないと考えられるが，基本的な文法や試験で問われやすい頻出のイディオムなどはおさえておきたい。

● 問われる思考力・判断力・表現力 ●

第1問Aと同様，発話の場面は明示されない。第1問Bのスクリプトはその内容を画像・イメージとして把握して判断することを念頭に置いておくべきである。

第2問	2人による対話が読み上げられ，最後に質問の英文が読み上げられる。その答えとして最も適切なイラストを選択する問題。
	【小問数】4問　　　　　　　　　　　【配点】各4点
	【読み上げ回数】2回　　　　　　　　【スクリプト】20〜30語

● 問われる知識・技能 ●

第1問と同様に，この問題でも言語材料の知識が要求される。また，単一の人物の発話であった第1問と異なり，第2問のスクリプトは対話形式なので，イントネーションなどの音声面の知識も重要になる。例えば，上昇調で読まれる平叙文が相手に対する疑問であることなどを理解しておく必要がある。また，2人のやり取りの中で与えられた情報が追加・修正されていく点がポイントである。対話に応じてイメージが段階的に作られていくので，対話を正確に追いかける能力が要求される。

● 問われる思考力・判断力・表現力 ●

設問文に「対話の場面が日本語で書かれています」とあるように，第2問以降はすべて場面が提示されているので，その場面での会話・発言であることをまずは確認しておく。

センター試験と比較すると，場面が示されることで，スクリプトからは場面描写にあたる発言(例：I've enjoyed watching animals in the zoo. など)が削減されており，そのぶん解答に必要な情報の密度が濃くなっているといえ，むしろ難易度は上昇したと見ることもできる。必要な情報を聞き取り，さらにそれに対する聞き手の意見や判断(Yes なのか No なのか)を確認し，最後に質問を聞いて何が問われているかを把握して解答する。

第3問	2人による対話が読み上げられ，その答えとして最も適切な語句や文を選択する問題。	
	【小問数】6問	【配点】各3点
	【読み上げ回数】1回	【スクリプト】40〜50語

● 問われる知識・技能 ●

この問題も第2問までと同様，言語材料の知識が要求される。質問文に事前に目を通し，「聞くべきポイント」を把握すれば，あとはキーワードを聞き取るだけで正解を導くことができる。

● 問われる思考力・判断力・表現力 ●

第2問と異なり，第3問では質問文も提示されているので，どのような情報に注意を払うべきか，音声を聞く前に目星をつけるようにしたい。

第4問A	単一の人物によるやや長めの発話が読み上げられ，イラストを時系列に並べたり，情報をもとに図表中の4つの空所を埋める問題。	
	【小問数】8問	【配点】4点・1点×4
	【読み上げ回数】1回	【スクリプト】70〜100語程度

● 問われる知識・技能 ●

第4問Aはグラフを完成させる設問あるいは時系列に沿ってイラストを並べかえる設問と，表を完成させる設問で構成される。1回しか音声を聞くことができないので，メモを取るなど情報を頭に残しておくよう工夫が必要である。

● 問われる思考力・判断力・表現力 ●

問18〜21は，単純に説明が聞こえてくる順番に選択肢を選んでいけばよいというわけではない場合もあるので注意が必要。音声は1回しか読まれず，問題終了後のインターバルは約15秒しかないが，事前に問題文と図表を読む時間が約10秒与えられるのでしっかりと目を通しておく。

問22〜25は，読み上げられるルールに則して表を補うことになるため，まずはこのルールの部分を確実に聞き取ってメモを取る。事前に問題文と図表を読む時間が約20秒，音声終了後には約40秒のインターバルがあるため，メモを解答に落とし込むのに十分な時間がある。

第4問B	4人の発話が順番に読み上げられ，提示された3つの条件をすべて満たす一つを選択する問題。
	【小問数】 1問　　　　　　　　　　**【配点】** 4点
	【読み上げ回数】 1回　　　　　　　**【スクリプト】** 30〜50語×4

● 問われる知識・技能 ●

1人ずつ発話がおこなわれ，合計4人の発話を聞くことになるが，アメリカ英語以外の多様な英語を聞くことになる。日本人を想定したと思われる英語を母語としない話者による発話が含まれるが，一般的な発音との違いはあまり顕著なものでなく，通常の音声学習で十分解答できるものと思われる。

また，語彙の面でも，4人の発話はパラフレーズされており，別の表現で同じことを述べている点に気づくことも重要となる。

● 問われる思考力・判断力・表現力 ●

複数の情報を聞き，条件がすべて合致するものを選ばなければならないため，事前にどの情報に注意して聞き取るか目星をつけておく。場合によっては印などを付けておくのも有効である。複数の異なる見解を聞き，それぞれの話者の意図を把握して，条件に合致させるという，まさしく思考力・判断力を問う典型的な問題であろう。

また，1回しか音声を聞くことができないので，集中力を切らさないことがポイントである。

第5問	単一の人物による長めの発話が読み上げられ，ワークシート中の空所を埋めながら，講義の骨子を把握する問題。及び，その続きの発話が読み上げられ，最初に読み上げられた情報と提示された図表とを合わせて正しい内容を選ぶ問題。

【小問数】7 問　　　　　　　　【配点】2 ～ 4 点
【読み上げ回数】1 回　　　　　【スクリプト】250語程度・40語程度

● 問われる知識・技能 ●

　言語材料の知識が必要になるのはもちろんだが，主に問いたい資質・能力に，「論理の構成や展開及び表現」が第5問から追加されていることに注目する。まとまった講義の英文を聞く問題では，最初に主題が述べられ，その後で具体的な内容に入っていくという一般的な文章構成を知っていれば，主題が何で，具体的な説明としてどのようなことが述べられるかに注意して聞くことができる。

　もっとも，リスニングで聞き取る音声はパラグラフの切れ目がリーディングのそれほど明確ではない（若干のポーズがあるのみ）ので，どこで話が切りかわるかを把握できるようにするためには日頃から長めの英文の聞き取りに慣れておく必要がある。また，講義という場面の性格上，第4問までと比べて表現がかたかったり，ディスコースマーカーが多く使用されるといった特徴がある。

　話題としてはやや社会的な内容が扱われるため，教科書などでさまざまな題材に触れる機会を通じて，話題の背景知識を得ておくことも聞き取りの助けとなる。

　問題の形式としては，ワークシートやグラフなどの文字情報と，音声によって聞く情報を組み合わせて解答する問題である。必要な情報をすばやく読んで理解するリーディングの技能も重要になってくる。ワークシートを読むために事前に約60秒のインターバルが与えられるが，ワークシートと選択肢すべてを読み込むことは難しいので，情報の取捨選択をしなければならない。まず，表の空所にどのような情報を補うのかを把握するとよい。聞き取りの後にも約60秒のインターバルが設けられるので，その間にメモを解答に落とし込んでいく。

● 問われる思考力・判断力・表現力 ●

　図表の情報とスクリプト全体を合わせて思考・判断することが求められている。普段からさまざまなトピックに関する知見を深めておくとよいだろう。

第6問A	2人によるやや長めの対話が読み上げられ，2人の主張の要点を選択する問題。

第6問A

2人によるやや長めの対話が読み上げられ，2人の主張の要点を選択する問題。

【小問数】2問　　　　　　　　　【配点】各3点

【読み上げ回数】1回　　　　　　【スクリプト】180語程度

● 問われる知識・技能 ●

第5問に続き，話題に関する背景知識を持っていることが聞き取りの助けとなる。

● 問われる思考力・判断力・表現力 ●

第6問Aでは，スクリプトと解答の選択肢間でのパラフレーズが積極的におこなわれている。そのため，語彙の知識も要求されるが，それぞれの話者がどのようなことを主張しているかを判断しなければ正解の選択肢を選ぶことはできない。やり取りの流れを正確に把握し，それに基づいて設問に答える力が要求されている。

第6問B

4人による長めの会話が読み上げられ，条件に該当する人の数を選択する問題。及び，会話のメインとなる人物の意見を支持する図表を選択する問題。

【小問数】2問　　　　　　　　　【配点】各4点

【読み上げ回数】1回　　　　　　【スクリプト】200語程度

● 問われる知識・技能 ●

第5問・第6問は総じて，時事的な話題などについて普段から背景知識に触れておくことが重要になる。4人の話者の中には，日本人を想定したと思われる英語を母語としない話者も含まれるので，音声の違いに惑わされて内容を聞き逃さないように注意する。

● 問われる思考力・判断力・表現力 ●

第6問Bは4人のディスカッション形式で会話が進行する。4人が入れ代わり立ち代わり発言する中で，だれがどの意見を述べたのかを整理する必要がある。次に話す人物の名前を呼びかけたり，発話の最初で自己紹介をすることで発話者の名前がわかるようになっているので，メモを取りながらそれぞれの人物の意見や主張のポイントを正確におさえることが重要である。

［第1回］

英　語【リスニング】(30分)

注　意　事　項

1．試験開始の合図があるまで，この問題冊子の中を見てはいけません。

2．この問題は，2ページから15ページまであります。

　試験中に問題冊子の印刷不鮮明，ページの落丁・乱丁及び解答用紙の汚れ等に気づいた場合は，手を挙げて監督の先生に知らせなさい。

3．試験は音声によって行われます。

4．この試験では，聞き取る英語の音声を2回流す問題と，1回流す問題があります。流す回数は下の表のとおりです。また，流す回数は，各問題の指示文にも書かれています。

問題	第1問	第2問	第3問	第4問	第5問	第6問
流す回数	2回	2回	1回	1回	1回	1回

5．解答は，設問ごとに別紙解答用紙に記入しなさい。問題冊子に記入しておいて，途中や最後にまとめて解答用紙に転記してはいけません（まとめて転記する時間は用意されていません。）。

6．解答用紙には解答欄以外に「組，番号，名前」の記入欄があるので，それぞれ正しく記入しなさい。

英　語【リスニング】 $\left(\begin{array}{c}試験時間\\30分\end{array}\right)$

$\left(解答番号\ \boxed{1}\ \sim\ \boxed{37}\ \right)$

第1問　音声は2回流れます。

第1問はAとBの二つの部分に分かれています。

A　第1問Aは問1から問4までの4問です。英語を聞き，それぞれの内容と最も
よく合っているものを，四つの選択肢（① ～ ④）のうちから一つずつ選びなさい。

*1-2 問1
$\boxed{1}$
① The speaker left home at the usual time.
② The speaker left home earlier than usual.
③ The speaker left school earlier than usual.
④ The speaker went to school by bike today.

*1-3 問2
$\boxed{2}$
① The speaker has to report a movie now.
② The speaker is going to write a report tonight.
③ The speaker is going to make a movie.
④ The speaker will finish watching a movie.

*1-4 問3
$\boxed{3}$
① The speaker does not bring any books when she travels.
② The speaker does not read so often.
③ The speaker forgot to bring some books.
④ The speaker loves reading when she travels.

*1-5 問4
$\boxed{4}$
① An athlete should have a strong body and mind.
② An athlete should train only the body.
③ An athlete should train only the mind.
④ To be an athlete is important.

B　第1問Bは問5から問7までの3問です。英語を聞き，それぞれの内容と最も
よく合っている絵を，四つの選択肢(①〜④)のうちから一つずつ選びなさい。

問5　| 5 |

① 　　　　　　② 　　　　　　③ 　　　　　　④

問6　| 6 |

① 　　　　　　② 　　　　　　③ 　　　　　　④

問7　| 7 |

① 　　　　　　② 　　　　　　③ 　　　　　　④

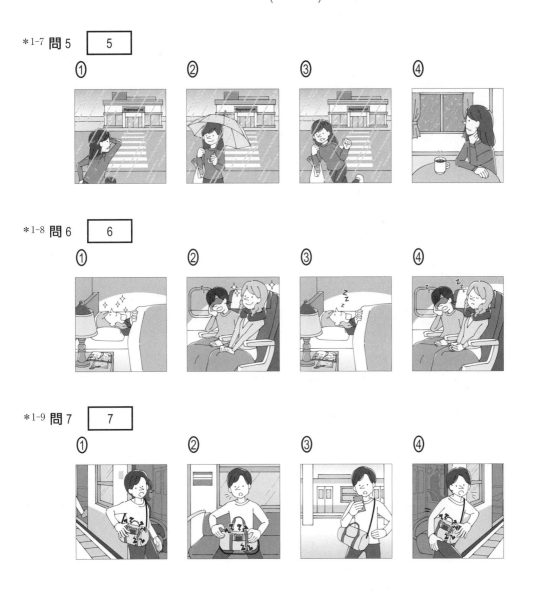

第2問　音声は2回流れます。

　　　第2問は問8から問11までの4問です。それぞれの問いについて，対話の場面が日本語で書かれています。対話とそれについての問いを聞き，その答えとして最も適切なものを，四つの選択肢（①～④）のうちから一つずつ選びなさい。

*1-11 **問8**　二人が部屋でソファーの置き場所について話しています。　8

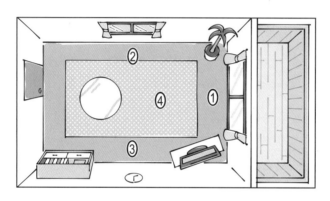

*1-12 **問9**　二人がカフェでメニューを見ながら話しています。　9

*1-13 **問10**　男性が着て行く服についてアドバイスをもらっています。　10

*1-14 **問11**　二人が写真展で写真を見ながら話しています。　11

第3問　音声は1回流れます。

第3問は問12から問17までの6問です。それぞれの問いについて，対話の場面が日本語で書かれています。対話を聞き，問いの答えとして最も適切なものを，四つの選択肢 $\left(①～④\right)$ のうちから一つずつ選びなさい。（問いの英文は書かれています。）

*1-16 **問12**　女性がホテルのフロントでチェックインしています。

Which room is the woman going to stay in?　12

① 　The city front view room

② 　The ocean front view room

③ 　The room with both the city and ocean view

④ 　The room with only the city tower view

*1-17 **問13**　仕事から帰ってきた男性が奥さんと今夜の夕食について話をしています。

What are they going to eat for dinner?　13

① 　Boiled eggs and mashed potatoes

② 　Green salad

③ 　Steak and mashed potatoes

④ 　Steak and boiled eggs

*1-18 **問14**　海に来た男性と女性が話をしています。

What will the woman do?　14

① 　Go home　　　　② 　Sleep under the beach umbrella

③ 　Surf a wave　　　④ 　Swim in the sea

第3問はさらに続きます。　➡

問15　友人同士が今見た映画の感想を話しています。

Why does the woman prefer the TV drama series?　| 15 |

① They are not so serious stories.

② They are serious stories.

③ They are thrilling stories.

④ They are full of action scenes.

問16　書店で学生が店員と話をしています。

What is the student going to do after this?　| 16 |

① Go to the library to look for the book

② Order the book online

③ Pre-order the book at the bookstore

④ Visit the bookstore next week

問17　大学で友人同士が授業の選択について話をしています。

Which is true according to the conversation?　| 17 |

① Professor Robert is a "good" teacher for the man.

② Professor Robert is very strict on his students.

③ Professor Robert never calls the roll.

④ Professor Smith gives an assignment every week.

第4問　音声は1回流れます。

第4問はAとBの二つの部分に分かれています。

A　第4問Aは**問**18から**問**25の8問です。話を聞き，それぞれの問いの答えとして最も適切なものを，選択肢から選びなさい。**問題文と図表を読む時間が与えられた後，音声が流れます。**

*1-23 **問**18〜21　あなたは，授業で配られたワークシートのグラフを完成させようとしています。先生の説明を聞き，四つの空欄 18 〜 21 に入れるのに最も適切なものを，四つの選択肢（①〜④）のうちから一つずつ選びなさい。

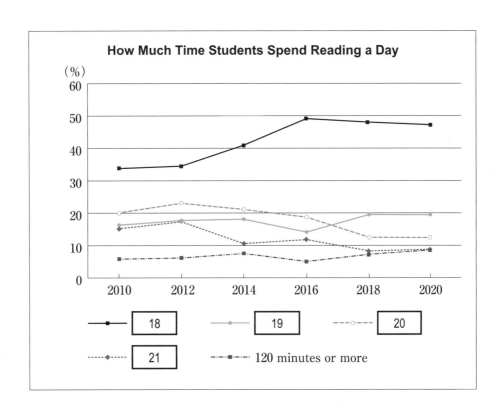

① 0 minutes

② Less than 30 minutes

③ 30 to 60 minutes

④ 60 to 120 minutes

問22～25 あなたは，美容院でメニューを選んでいて，料金表についての説明を聞いています。話を聞き，下の表の四つの空欄 22 ～ 25 に入れるのに最も適切なものを，五つの選択肢(① ～ ⑤)のうちから一つずつ選びなさい。選択肢は2回以上使ってもかまいません。

	Stylist	Specialist Stylist	Artistic Director
Cut and Finish	22	23	£65
Shampoo and Finish (Treatment)	£20 (+£15)	24 (+£15)	£50 (+£15)
Highlights Full-head	£75	£90	£105
Highlights Half-head	£55	25	£80

① £15　　② £25　　③ £35　　④ £45　　⑤ £65

B　第4問Bは問26の1問です。話を聞き，示された条件に最も合うものを，四つ の選択肢 $\left(\text{①} \sim \text{④}\right)$ のうちから一つ選びなさい。下の表を参考にしてメモを取っ てもかまいません。**状況と条件を読む時間が与えられた後，音声が流れます。**

状況

　あなたは，ロンドンへ行く航空券を購入しようとしています。航空会社を一つ決 めるために，四人の説明を聞いています。

あなたが考えている条件

　A．直行便または日本国内での乗り継ぎが1回であること

　B．日曜日にロンドンに到着すること

　C．通路側の座席が空いていること

	Airlines	Condition A	Condition B	Condition C
①	Air France			
②	Singapore Airlines			
③	British Airways			
④	Japan Airlines			

問26 　26　 is the airline you are most likely to choose.

① Air France

② Singapore Airlines

③ British Airways

④ Japan Airlines

第5問 音声は1回流れます。

　第5問は問27から問33の7問です。最初に講義を聞き，**問**27から**問**32に答えなさい。次に続きを聞き，**問**33に答えなさい。**状況・ワークシート，問い及び図表を読む時間が与えられた後，音声が流れます。**

状況

　あなたはアメリカの大学で，月探査の歴史と関連する国家についての講義を，ワークシートにメモを取りながら聞いています。

ワークシート

○ The first stage of the exploration of the moon

　～ August 1959:　　　　　All failed

　　　⇩

September 1959 ～ 1960:　Succeeded by 　27　

　　　⇩

1960 ～:　　　　　　　　　Success increased

○ Types of exploration mission

		Result	Style
The Soviet Union	Luna 2	reached the moon	28
	Luna 3	29	unmanned
	Luna 9	30	unmanned
The US	Surveyor 1	reached the moon	unmanned
	Apollo 8	not reached the moon	31
	Apollo 11	reached the moon	manned

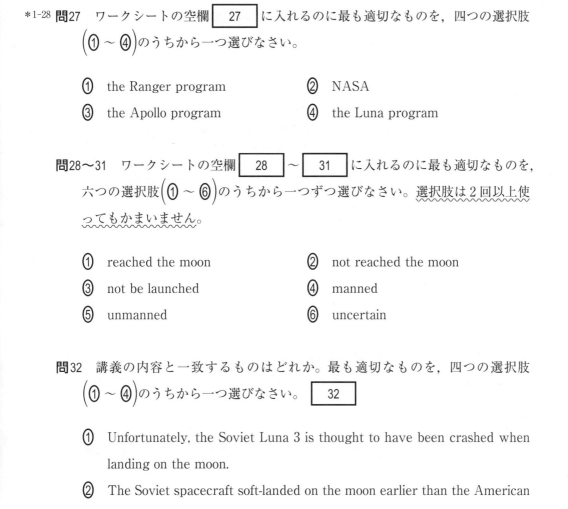

*1-28 **問27** ワークシートの空欄 ⎡ 27 ⎤ に入れるのに最も適切なものを，四つの選択肢 (①〜④) のうちから一つ選びなさい。

① the Ranger program   ② NASA

③ the Apollo program   ④ the Luna program

問28〜31 ワークシートの空欄 ⎡ 28 ⎤ 〜 ⎡ 31 ⎤ に入れるのに最も適切なものを，六つの選択肢 (①〜⑥) のうちから一つずつ選びなさい。<u>選択肢は2回以上使ってもかまいません。</u>

① reached the moon   ② not reached the moon

③ not be launched   ④ manned

⑤ unmanned   ⑥ uncertain

問32 講義の内容と一致するものはどれか。最も適切なものを，四つの選択肢 (①〜④) のうちから一つ選びなさい。 ⎡ 32 ⎤

① Unfortunately, the Soviet Luna 3 is thought to have been crashed when landing on the moon.

② The Soviet spacecraft soft-landed on the moon earlier than the American one did.

③ The competition for the exploration of the moon still continues between the US and the Soviet Union.

④ In December 1968, US astronauts landed on the moon for the first time in human history.

第5問はさらに続きます。 ⟹

問33 講義の続きを聞き，**下の図から読み取れる情報と講義全体の内容から**どのようなことが言えるか，最も適切なものを，四つの選択肢（①～④）のうちから一つ選びなさい。 33

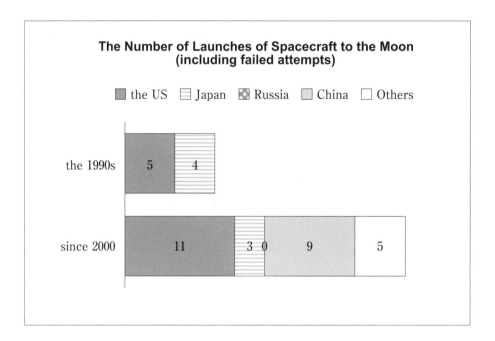

① China has launched a lot of spacecraft and aimed at manned exploration since the 1990s.

② By the year 2028, Japanese astronauts will land on the moon again, which is sooner than any other country.

③ Russia, unlike the Soviet Union, is not willing to launch spacecraft.

④ Some countries succeeded in landing astronauts on the surface of the moon in the past ten years.

第６問　音声は１回流れます。

第６問はＡとＢの二つの部分に分かれています。

Ａ　第６問Ａは問34・問35の２問です。二人の対話を聞き，それぞれの問いの答え
として最も適切なものを，四つの選択肢(① 〜 ④)のうちから一つずつ選びなさい。
(問いの英文は書かれています。)状況と問いを読む時間が与えられた後，音声が
流れます。

状況

　Emma が Kotaro と日焼け止め(sunscreens)について話をしています。

問34　What is Emma's main point?　 34

① 　She has used sunscreen for a long time.

② 　It is important for her to wear a hat.

③ 　She has protected her skin from burning.

④ 　The more powerful the sunscreen is, the better it is for the skin.

問35　Which of the following statements would Kotaro agree with?　 35

① 　Drugstores should give organic sunscreens for free.

② 　Any sunscreen should be helpful to the skin.

③ 　He likes to go out wearing a T-shirt and short pants.

④ 　The sunscreens he knows are all unsuitable for him.

B　第6問Bは問36・問37の2問です。会話を聞き，それぞれの問いの答えとして最も適切なものを，選択肢のうちから一つずつ選びなさい。下の表を参考にしてメモを取ってもかまいません。**状況と問いを読む時間が与えられた後，音声が流れます**。

状況

四人の学生(Jim，Beth，May，Sho)が，Dr. Paterson による日焼け止めに関する講演内容について意見交換をしています。

Jim	
Beth	
May	
Sho	

---

*1-33 **問36**　会話が終わった時点で，これからも日焼け止めを**使うつもりの人**は四人のうち何人でしたか。四つの選択肢(① ～ ④)のうちから一つ選びなさい。　36

① 1人
② 2人
③ 3人
④ 4人

問37 会話を踏まえて，Dr. Paterson の意見を最もよく表している図表を，四つの
選択肢（① ～ ④）のうちから一つ選びなさい。 ┌── 37 ──┐

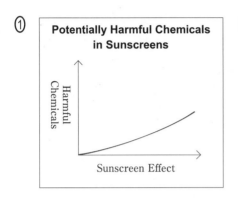

① **Potentially Harmful Chemicals in Sunscreens**

Harmful Chemicals ↑

Sunscreen Effect →

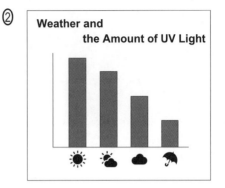

② **Weather and the Amount of UV Light**

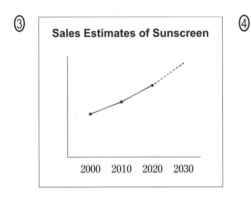

③ **Sales Estimates of Sunscreen**

2000 2010 2020 2030

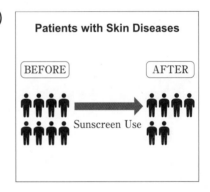

④ **Patients with Skin Diseases**

BEFORE   AFTER

Sunscreen Use

［第2回］

英　語【リスニング】(30分)

注 意 事 項

１．試験開始の合図があるまで，この問題冊子の中を見てはいけません。

２．この問題は，２ページから15ページまであります。

　　試験中に問題冊子の印刷不鮮明，ページの落丁・乱丁及び解答用紙の汚れ等に気づいた場合は，手を挙げて監督の先生に知らせなさい。

３．試験は音声によって行われます。

４．この試験では，聞き取る英語の音声を２回流す問題と，１回流す問題があります。流す回数は下の表のとおりです。また，流す回数は，各問題の指示文にも書かれています。

問題	第１問	第２問	第３問	第４問	第５問	第６問
流す回数	２回	２回	１回	１回	１回	１回

５．解答は，設問ごとに別紙解答用紙に記入しなさい。問題冊子に記入しておいて，途中や最後にまとめて解答用紙に転記してはいけません（まとめて転記する時間は用意されていません。）。

６．解答用紙には解答欄以外に「組，番号，名前」の記入欄があるので，それぞれ正しく記入しなさい。

英　語【リスニング】

（試験時間 30分）

（解答番号　1　～　37　）

第1問　音声は2回流れます。

第1問はAとBの二つの部分に分かれています。

A　第1問Aは問1から問4までの4問です。英語を聞き，それぞれの内容と最もよく合っているものを，四つの選択肢（① ～ ④）のうちから一つずつ選びなさい。

*1-35 問1
1

① It is going to be cold after the evening.

② It is going to be cold in the afternoon.

③ It is going to be hot at night.

④ It is going to be hot in the morning.

*1-36 問2
2

① The speaker's sister dislikes cats.

② The speaker's sister doesn't keep a cat.

③ The speaker's sister doesn't like animals.

④ The speaker's sister likes cats and has one cat.

*1-37 問3
3

① The speaker is drinking too much.

② The speaker is going to eat greens.

③ The speaker is going to eat more food.

④ The speaker is going to have something to drink.

*1-38 問4
4

① The speaker ate cheese for the first time.

② The speaker didn't like the cheesecake she made.

③ The speaker's cheesecake was not so delicious.

④ The speaker was able to make a delicious cheesecake.

**B　第1問Bは問5から問7までの3問です。英語を聞き，それぞれの内容と最も
　　よく合っている絵を，四つの選択肢(① ～ ④)のうちから一つずつ選びなさい。**

*1-40 **問5**　　5

① ② ③ ④

*1-41 **問6**　　6

① ② ③ ④

*1-42 **問7**　　7

① ② ③ ④

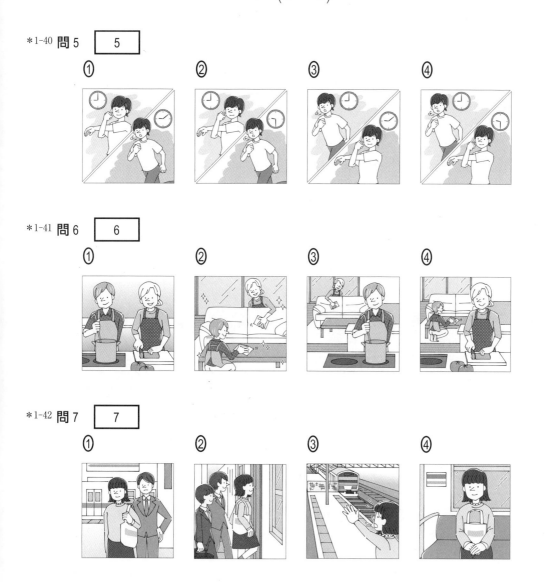

第2問　音声は2回流れます。

第2問は問8から問11までの4問です。それぞれの問いについて，対話の場面が日本語で書かれています。対話とそれについての問いを聞き，その答えとして最も適切なものを，四つの選択肢 ① ～ ④ のうちから一つずつ選びなさい。

*1-44 **問8**　ハイキング中の男女が，山道を歩きながら話しています。　 8

① 　② 　③ 　④

*1-45 **問9**　男の子がクラブ活動について話しています。　 9

① 　② 　③ 　④

*1-46 **問10**　二人が午後から公園に行く話をしています。　 10

① 　② 　③ 　④

*1-47 **問11**　女性が最近飼い始めたペットの話をしています。　 11

① 　② 　③ 　④

第3問　音声は1回流れます。

第3問は問12から問17までの6問です。それぞれの問いについて，対話の場面が日本語で書かれています。対話を聞き，問いの答えとして最も適切なものを，四つの選択肢（①〜④）のうちから一つずつ選びなさい。（問いの英文は書かれています。）

*1-49 問12　友人同士が音楽のバンドを組もうと話し合っています。

Which instrument do they need to have a more dynamic sound?　12

① Drums　　　　　　　　② Keyboard

③ Guitar　　　　　　　　④ Trumpet

*1-50 問13　友人同士がパーティーに着て行く服を話し合っています。

What clothes is the woman going to wear to the party?　13

① A black and orange dress

② Black pants

③ An orange dress

④ A pumpkin-style dress

*1-51 問14　男性が女性に本を選んでもらっています。

What is the woman's advice about how to read a book?　14

① It's important to read a difficult book.

② It's important to read without a dictionary.

③ It's important to solve a mystery.

④ It's important to use a dictionary.

第3問はさらに続きます。

2 — 5

問15 女性が買ったカメラについて話をしています。

Why did the woman buy the camera? 15

① Because her favorite singer is using the camera.

② Because her friends have cameras, too.

③ Because her old camera was broken.

④ Because her smartphone had something wrong.

問16 レストランの入口で男性が店員と話をしています。

Where is this restaurant likely to be located? 16

① Along the coast

② In the suburbs of the city

③ On the first floor in the center of the city

④ On the top floor of a skyscraper

問17 病院で女性が医者と話をしています。

What did the doctor ask the woman? 17

① The name of the medicine she took

② Whether she has a headache

③ Whether she is taking medicine

④ Whether she went to another doctor

*1-55 **第4問　音声は1回流れます。**

　　第4問はAとBの二つの部分に分かれています。

　A　**第4問A**は**問18**から**問25**の8問です。話を聞き，それぞれの問いの答えとして最も適切なものを，選択肢から選びなさい。**問題文と図表を読む時間が与えられた後，音声が流れます。**

*1-56 **問18〜21**　あなたは，授業で配られたワークシートの表を完成させようとしています。先生の説明を聞き，四つの空欄 18 〜 21 に入れるのに最も適切なものを，四つの選択肢(① 〜 ④)のうちから一つずつ選びなさい。

Comparative Ranking of Estimated Populations in 2050 and 2019

Ranking in 2050	Ranking in 2019	Countries	Estimated populations in 2050
1	2	18	1,639,000,000
2	1	China	1,402,000,000
3	7	Nigeria	401,000,000
4	3	The United States	379,000,000
5	5	19	338,000,000
6	4	Indonesia	331,000,000
7	6	Brazil	229,000,000
8	12	Ethiopia	205,000,000
9	16	20	194,000,000
10	8	Bangladesh	193,000,000
⋮			
17	11	21	106,000,000

① India　　　　　② Japan

③ Pakistan　　　④ The Republic of Congo

2 － 7

*1-57 **問22～25** あなたは，大学で動物科学コースを選択しようとしていて，授業料についての説明を聞いています。話を聞き，下の表の四つの空欄 22 ～ 25 に入れるのに最も適切なものを，五つの選択肢（① ～ ⑤）のうちから一つずつ選びなさい。選択肢は2回以上使ってもかまいません。

		UK / EU	Overseas
Full-time	year 1		22
	years 2-3	23	
Part-time	year 1	24	
	years 2-3		25

① £3,250　② £4,250　③ £5,950　④ £8,500　⑤ £9,250

B　第4問Bは問26の１問です。話を聞き，示された条件に最も合うものを，四つの選択肢(①～④)のうちから一つ選びなさい。下の表を参考にしてメモを取ってもかまいません。**状況と条件を読む時間が与えられた後，音声が流れます。**

状況

　あなたは，大学入学後に住む寮(accommodation)を一つ決めるために，四人の説明を聞いています。

あなたが考えている条件

　A．図書館から近いこと

　B．バス・トイレ付き(en-suite)の個室であること

　C．家賃が150ポンド以下であること

Accommodations	Condition A	Condition B	Condition C
① Lily Court			
② Violet House			
③ Daisy Hall			
④ Rose Court			

*1-59 **問**26　[26]　is the accommodation you are most likely to choose.

① Lily Court

② Violet House

③ Daisy Hall

④ Rose Court

第5問　音声は1回流れます。

第5問は問27から問33の7問です。最初に講義を聞き，問27から問32に答えなさい。次に続きを聞き，問33に答えなさい。**状況・ワークシート，問い及び図表を読む時間が与えられた後，音声が流れます。**

状況

あなたはアメリカの大学で，ロンドンのルネサンス期の劇場についての講義を，ワークシートにメモを取りながら聞いています。

ワークシート

○ **The English Renaissance theater**

　Queen Elizabeth I － King James I － Charles I

　　（1558 ～）　　　　（1603 ～）　　（1625 ～）

　　　　　　　　　　　　⇒ Entire Period： | 27 |

○ **Public playhouses in London around 1600**

	Opened	Location	Shape
Theatre	1576	north of the Thames	round
Curtain	1577	north of the Thames	28 (recently found)
Rose	1587	south of the Thames	round
Swan	1595	south of the Thames	round
Globe	1599	29	round
Fortune	1600	north of the Thames	30 (originally)
Red Bull	about 1605	31	quadrangular

問27 ワークシートの空欄 27 に入れるのに最も適切なものを，四つの選択肢
（①〜④）のうちから一つ選びなさい。

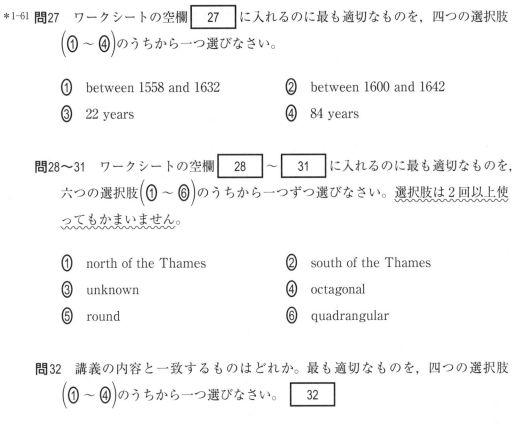

① between 1558 and 1632   ② between 1600 and 1642

③ 22 years   ④ 84 years

問28〜31　ワークシートの空欄 28 〜 31 に入れるのに最も適切なものを，
六つの選択肢（①〜⑥）のうちから一つずつ選びなさい。選択肢は2回以上使
ってもかまいません。

① north of the Thames   ② south of the Thames

③ unknown   ④ octagonal

⑤ round   ⑥ quadrangular

問32　講義の内容と一致するものはどれか。最も適切なものを，四つの選択肢
（①〜④）のうちから一つ選びなさい。 32

① The Globe began its operation in advance of the Rose and the Swan.

② Until recently, the outer shape of the Curtain was thought to be round.

③ The details of the playhouses in London around 1600 have been researched
thoroughly.

④ Research shows that the Red Bull was rebuilt with a different outer shape.

第5問はさらに続きます。

問33 講義の続きを聞き，**下の表から読み取れる情報と講義全体の内容から**どのようなことが言えるか，最も適切なものを，四つの選択肢(**①** ～ **④**)のうちから一つ選びなさい。 ☐33☐

London Public Playhouses in Operation			
By 1580	By 1590	By 1610	By 1630
Theatre	Theatre		
Curtain	Curtain	Curtain	
	Rose	Rose	
		Swan	
		Globe	Globe
		Fortune	Fortune
		Red Bull	Red Bull

① All of the public playhouses listed in London were still being used in 1610.

② The Theatre, the first public playhouse in London, was no longer in operation in 1610.

③ The Rose and the Fortune both began their service in the 17th century.

④ As they got too old, the Globe, the Fortune, and the Red Bull ended their operation.

第6問　音声は1回流れます。

第6問はAとBの二つの部分に分かれています。

A　第6問Aは問34・問35の2問です。二人の対話を聞き，それぞれの問いの答えとして最も適切なものを，四つの選択肢(①～④)のうちから一つずつ選びなさい。(問いの英文は書かれています。)<u>状況と問いを読む時間が与えられた後，音声が流れます。</u>

状況

　Aya が Paul とワイヤレスイヤホン(wireless earbuds)について話をしています。

問34　What is Aya's main point?　| 34 |

① Wireless earbuds can work longer than she expects.

② Wireless earbuds are more expensive than wired ones.

③ Only the sound quality is not good enough with wireless earbuds.

④ At present wireless earbuds are insufficient for daily use.

問35　Which of the following statements would Paul agree with?　| 35 |

① Aya should buy her wireless earbuds as soon as possible.

② Wired earbuds are more suitable for Aya.

③ The sound of wireless earbuds needs to be improved.

④ The batteries of wireless earbuds are smaller than expected.

B　第6問Bは問36・問37の２問です。会話を聞き，それぞれの問いの答えとして最も適切なものを，選択肢のうちから一つずつ選びなさい。下の表を参考にしてメモを取ってもかまいません。**状況と問いを読む時間が与えられた後，音声が流れます。**

状況
Professor Green と３人の学生(Dorothy，Martha，Jun)がイヤホン(earbuds)とヘッドホン(headphones)の使用について意見交換をしています。

Professor Green	
Dorothy	
Martha	
Jun	

問36　会話が終わった時点で，イヤホンの使用に**賛成した人**は四人のうち何人でしたか。四つの選択肢(① ～ ④)のうちから一つ選びなさい。　　⬚ 36

① 1人
② 2人
③ 3人
④ 4人

問37 会話を踏まえて，Professor Green の意見を最もよく表している図表を，四つの選択肢(① ～ ④)のうちから一つ選びなさい。 37

① **Earbuds and Hearing Loss**

②

Be Careful of Sound Leak from Your Headphones!

③ **Noise Level**

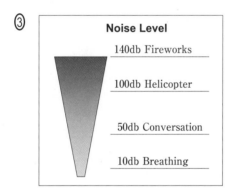

140db Fireworks

100db Helicopter

50db Conversation

10db Breathing

④ **Rate of Wired or Wireless Earbuds Users**

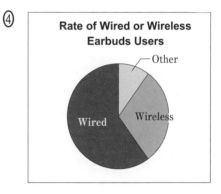

[第3回]

英　語【リスニング】(30分)

注 意 事 項

1．試験開始の合図があるまで，この問題冊子の中を見てはいけません。

2．この問題は，2ページから15ページまであります。

　試験中に問題冊子の印刷不鮮明，ページの落丁・乱丁及び解答用紙の汚れ等に気づいた場合は，手を挙げて監督の先生に知らせなさい。

3．試験は音声によって行われます。

4．この試験では，聞き取る英語の音声を2回流す問題と，1回流す問題があります。流す回数は下の表のとおりです。また，流す回数は，各問題の指示文にも書かれています。

問題	第1問	第2問	第3問	第4問	第5問	第6問
流す回数	2回	2回	1回	1回	1回	1回

5．解答は，設問ごとに別紙解答用紙に記入しなさい。問題冊子に記入しておいて，途中や最後にまとめて解答用紙に転記してはいけません（まとめて転記する時間は用意されていません。）。

6．解答用紙には解答欄以外に「組，番号，名前」の記入欄があるので，それぞれ正しく記入しなさい。

英　語【リスニング】 (試験時間 30分)

(解答番号 1 ～ 37)

第1問　音声は2回流れます。

第1問はAとBの二つの部分に分かれています。

A　第1問Aは問1から問4までの4問です。英語を聞き，それぞれの内容と最もよく合っているものを，四つの選択肢(① ～ ④)のうちから一つずつ選びなさい。

*2-2 問1

1

① The speaker fell asleep on the bed after dinner.

② The speaker slept on the sofa.

③ The speaker was too tired to have dinner.

④ The speaker was too tired to sleep.

*2-3 問2

2

① The speaker is also good at growing flowers.

② The speaker's mother has green manicured nails.

③ The speaker's mother is growing lots of vegetables.

④ The speaker's mother keeps the garden beautiful.

*2-4 問3

3

① The speaker likes taking photos of nature.

② The speaker likes taking photos of people living in a city.

③ The speaker likes taking photos of people living in a village.

④ The speaker likes taking photos of tall buildings.

*2-5 問4

4

① The length of practice time is important for a pianist.

② Both techniques and how to express the musical pieces are important for a pianist.

③ Techniques are not so important for a pianist.

④ To play the best piano is important for a pianist.

B　第1問Bは問5から問7までの3問です。英語を聞き，それぞれの内容と最も
　　よく合っている絵を，四つの選択肢(①～④)のうちから一つずつ選びなさい。

問5　　5

①　　　　　　　　②　　　　　　　　③　　　　　　　　④

問6　　6

①　　　　　　　　②　　　　　　　　③　　　　　　　　④

問7　　7

①　　　　　　　　②　　　　　　　　③　　　　　　　　④

第2問　音声は2回流れます。

第2問は問8から問11までの4問です。それぞれの問いについて，対話の場面が日本語で書かれています。対話とそれについての問いを聞き，その答えとして最も適切なものを，四つの選択肢（① ~ ④）のうちから一つずつ選びなさい。

*2-11 **問8**　二人がチームで着るシャツのデザインについて話しています。

① 　② 　③ 　④

*2-12 **問9**　男の子が冬休みにしたことを話しています。

① 　② 　③ 　④

*2-13 **問10**　男性と女性がフリーマーケットで品物を見ています。

① 　② 　③ 　④

*2-14 **問11**　カップルがデートで遊園地に来ています。

① 　② 　③ 　④

第3問　音声は1回流れます。

　　第3問は問12から問17までの6問です。それぞれの問いについて，対話の場面が日本語で書かれています。対話を聞き，問いの答えとして最も適切なものを，四つの選択肢 $\left(① \sim ④\right)$ のうちから一つずつ選びなさい。(問いの英文は書かれています。)

*2-16 **問12**　めがね店で女性が店員と話をしています。

　　What is the price of the sunglasses the woman wants to buy?　| 12 |

　① Average price　　　　　② Quite high

　③ Quite low　　　　　　④ Relatively low

*2-17 **問13**　友人同士がアミューズメントパークで話をしています。

　　How will the woman feel when she is in line?　| 13 |

　① Depressed　　　　　　② Excited

　③ Nervous　　　　　　　④ Scared

*2-18 **問14**　二人がある映画について話をしています。

　　Why does the man want to watch the movie?　| 14 |

　① Because he likes the heroine very much.

　② Because he likes the TV game.

　③ Because he thought that the heroine would be perfect for the image.

　④ Because he watched the preview.

第3問はさらに続きます。　⟹

問15　男性の持っているバッグについて話をしています。

Which is true about the man's bag? ┌── 15 ──┐

① He went to Italy and bought the bag there.

② He ordered the bag via the Internet.

③ He paid only 50 euros.

④ His bag is old-fashioned.

問16　男性が空港のカウンターで搭乗手続きをしています。

Which seat and flight will the man take? ┌── 16 ──┐

① Business class on the 2 p.m. flight

② Business class on the 3 p.m. flight

③ Economy class on the 2 p.m. flight

④ Economy class on the 3 p.m. flight

問17　旅行客の女性が駅で電車について聞いています。

Which train will the woman take? ┌── 17 ──┐

① The express train from track number 8

② The express train from track number 9

③ The local train from track number 8

④ The local train from track number 9

第4問　音声は1回流れます。

第4問はAとBの二つの部分に分かれています。

A　第4問Aは問18から問25の8問です。話を聞き，それぞれの問いの答えとして最も適切なものを，選択肢から選びなさい。**問題文と図表を読む時間が与えられた後，音声が流れます。**

*2-23 問18〜21　あなたは，授業で配られたワークシートの図を完成させようとしています。先生の説明を聞き，四つの空欄　18　〜　21　に入れるのに最も適切なものを，四つの選択肢（① 〜 ④）のうちから一つずつ選びなさい。

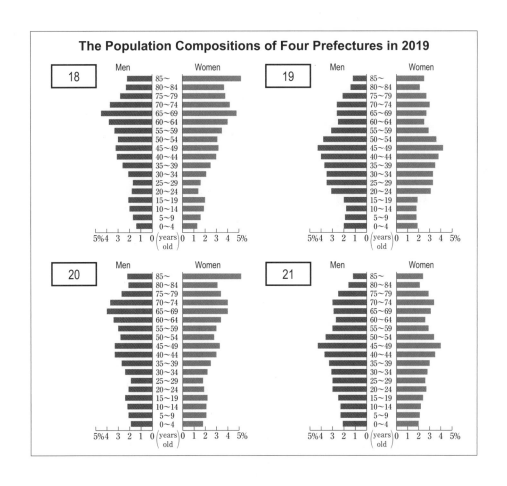

①　Aichi　　　　②　Akita　　　　③　Shimane　　　　④　Tokyo

3 － 7

問22～25 あなたは，機内持ち込み用のスーツケースを探していて，スーツケースについての説明を聞いています。話を聞き，下の表の四つの空欄 22 ～ 25 に入れるのに最も適切なものを，五つの選択肢（①～⑤）のうちから一つずつ選びなさい。選択肢は2回以上使ってもかまいません。

	Price	Capacity	Size
Bon Air Hard Shell Cabin Case	was 22 NOW 23	30 liters	35 cm (w) ×50 cm (h) ×20 cm (d) Meets airline size restrictions
Aerolite 2 Wheel Cabin Trolley Case	was 24 NOW 25	42 liters	2 kg Meets airline size restrictions

① £30　　② £40　　③ £50　　④ £60　　⑤ £90

B　第4問Bは問26の1問です。話を聞き，示された条件に最も合うものを，四つ
　　の選択肢(①～④)のうちから一つ選びなさい。下の表を参考にしてメモを取っ
　　てもかまいません。**状況と条件を読む時間が与えられた後，音声が流れます。**

状況

　あなたは，旅先で宿泊するホテルを一つ決めるために，四人の友人のアドバイス
　を聞いています。

あなたが考えている条件

　A．空港から車で10分以内であること

　B．街の中心地から近いこと

　C．コンサート会場へ歩いて行けること

	Hotels	Condition A	Condition B	Condition C
①	Central Inn			
②	Eastern Palace			
③	Oriental House			
④	Urban Hotel			

*2-26 問26 　26　 is the hotel you are most likely to choose.

① 　Central Inn

② 　Eastern Palace

③ 　Oriental House

④ 　Urban Hotel

第5問　音声は1回流れます。

第5問は問27から問33の7問です。最初に講義を聞き，問27から問32に答えなさい。次に続きを聞き，問33に答えなさい。**状況・ワークシート，問い及び図表を読む時間が与えられた後，音声が流れます。**

状況

あなたはアメリカの大学で，音声広告の有効性についての講義を，ワークシートにメモを取りながら聞いています。

ワークシート

○ US total annual TV / digital ad spending shares

[27] ------ afterward its share continues to increase

○ The effectiveness of the Podcast advertisement

Podcast advertising is effective in terms of ...
(i) Reaching potential [28] more effectively
Podcast users → listen to the programs more carefully
→ [29] likely to forget the content of ads
(ii) Finding ideal [30] for companies
Podcast users → [31] highly-educated listeners
→ high-income listeners
(iii) Being an ideal tool for advertisers
more specific programs → easy to find target customers

問27 ワークシートの空欄 　27　 に入れるのに最も適切なものを，四つの選択肢
（①〜④）のうちから一つ選びなさい。

① the TV ad dropped from the top in 2016

② the TV ad was in the top rank in 2017

③ the digital ad became the top means of advertising in 2017

④ the digital ad was replaced by the TV ad

問28〜31　ワークシートの空欄 　28　 〜 　31　 に入れるのに最も適切なものを，
六つの選択肢（①〜⑥）のうちから一つずつ選びなさい。選択肢は２回以上使ってもかまいません。

① more　　　　　　　② less

③ advertisers　　　　④ customers

⑤ programs　　　　⑥ Podcasts

問32　講義の内容と一致するものはどれか。最も適切なものを，四つの選択肢
（①〜④）のうちから一つ選びなさい。 　32　

① Podcast advertising is a very desirable tool because advertisers can place ads free of charge.

② Podcast advertisers usually feel close to their advertisement in the program.

③ Subscribing to a Podcast program might help a person get more income.

④ Podcast listeners seem more serious about the content of the programs they choose.

第5問はさらに続きます。

問33 講義の続きを聞き，**下の図から読み取れる情報と講義全体の内容から**どのようなことが言えるか，最も適切なものを，四つの選択肢（①～④）のうちから一つ選びなさい。 33

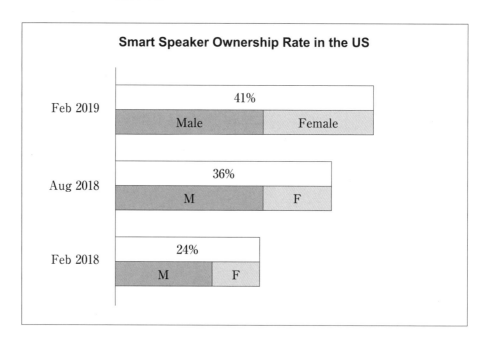

① The spread of the smart speaker will allow more female listeners to access the Podcast ads.

② Video advertisements will be easily available for both men and women with the increase of the smart speaker.

③ Users of the smart speaker will be freed from repeatedly occurring Podcast advertisements.

④ More and more female advertisers will choose the smart speaker to get information at home.

第6問　音声は1回流れます。

第6問はAとBの二つの部分に分かれています。

A　第6問Aは問34・問35の2問です。二人の対話を聞き，それぞれの問いの答え
として最も適切なものを，四つの選択肢(①～④)のうちから一つずつ選びなさい。
(問いの英文は書かれています。)**状況と問いを読む時間が与えられた後，音声が
流れます。**

状況

Jean が Takashi と，外食で食べきれなかった食べ物(surplus food)について話を
しています。

問34　What is Jean's main point?　　34

① People often forget what they did before.

② We should avoid taking surplus food out.

③ Restaurants should serve smaller amounts of food.

④ Any food loses its taste when put in the freezer.

問35　Which of the following statements would Takashi agree with?　　35

① Food might go bad unless it is frozen.

② A doggie bag is not good for saving the environment.

③ We should eat up the doggie bag food right away.

④ Even frozen food isn't too bad to eat.

B　第6問Bは問36・問37の2問です。会話を聞き，それぞれの問いの答えとして最も適切なものを，選択肢のうちから一つずつ選びなさい。下の表を参考にしてメモを取ってもかまいません。**状況と問いを読む時間が与えられた後，音声が流れます。**

状況

　Professor Arnold が食料廃棄削減の取り組みについて報告した後，司会の Dr. Chaney が Noah と Tatsuya を含めて意見交換をしています。

Professor Arnold	
Dr. Chaney	
Noah	
Tatsuya	

問36　会話が終わった時点で，自分たちの地域に公共冷蔵庫を導入することに**反対した人**は四人のうち何人でしたか。四つの選択肢(① ～ ④)のうちから一つ選びなさい。　36

①　1人

②　2人

③　3人

④　4人

問37 会話を踏まえて，Professor Arnold の意見を最もよく表している図表を，四つの選択肢（① ～ ④）のうちから一つ選びなさい。 37

①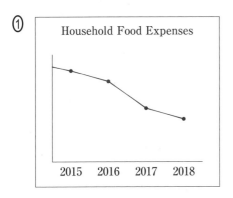

②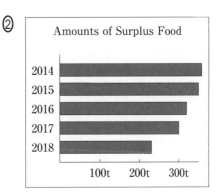

③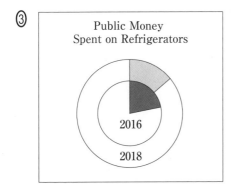

④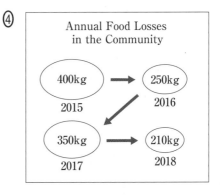

［第4回］

英　語【リスニング】(30分)

注 意 事 項

1．**試験開始の合図があるまで，この問題冊子の中を見てはいけません。**

2．この問題は，2ページから15ページまであります。

　　試験中に問題冊子の印刷不鮮明，ページの落丁・乱丁及び解答用紙の汚れ等に気づいた場合は，手を挙げて監督の先生に知らせなさい。

3．試験は音声によって行われます。

4．この試験では，聞き取る英語の音声を2回流す問題と，1回流す問題があります。流す回数は下の表のとおりです。また，流す回数は，各問題の指示文にも書かれています。

問題	第1問	第2問	第3問	第4問	第5問	第6問
流す回数	2回	2回	1回	1回	1回	1回

5．解答は，設問ごとに別紙解答用紙に記入しなさい。問題冊子に記入しておいて，途中や最後にまとめて解答用紙に転記してはいけません（まとめて転記する時間は用意されていません。)。

6．解答用紙には解答欄以外に「組，番号，名前」の記入欄があるので，それぞれ正しく記入しなさい。

英　語【リスニング】 $\left(\begin{array}{c}試験時間\\30分\end{array}\right)$

$\left(解答番号\quad\boxed{1}\sim\boxed{37}\right)$

第1問　音声は2回流れます。

第1問はAとBの二つの部分に分かれています。

A　第1問Aは問1から問4までの4問です。英語を聞き，それぞれの内容と最もよく合っているものを，四つの選択肢 $\left(① \sim ④\right)$ のうちから一つずつ選びなさい。

*2-35 問1
$\boxed{1}$
① The speaker arrived at school earlier than usual.
② The speaker arrived at school on time.
③ The speaker arrived late at school by 5 minutes.
④ The speaker was absent from school.

*2-36 問2
$\boxed{2}$
① The speaker doesn't go to the gym on the weekend.
② The speaker swims longer on the weekend.
③ The speaker swims shorter on the weekend.
④ The speaker swims the same length every day.

*2-37 問3
$\boxed{3}$
① The speaker has cooked for about 10 years.
② The speaker is cooking at an elementary school.
③ The speaker is too young to cook.
④ The speaker hasn't cooked since elementary school.

*2-38 問4
$\boxed{4}$
① The speaker had to wake up early on Sunday morning.
② The speaker wanted to go for a walk early on Sunday morning.
③ The speaker wanted to wake up early on Sunday morning.
④ The speaker was able to sleep late on Sunday morning.

*2-39 B　**第1問**Bは**問**5から**問**7までの3問です。英語を聞き，それぞれの内容と最も
よく合っている絵を，四つの選択肢(① 〜 ④)のうちから一つずつ選びなさい。

*2-40 **問**6　5

*2-41 **問**6　6

*2-42 **問**7　7

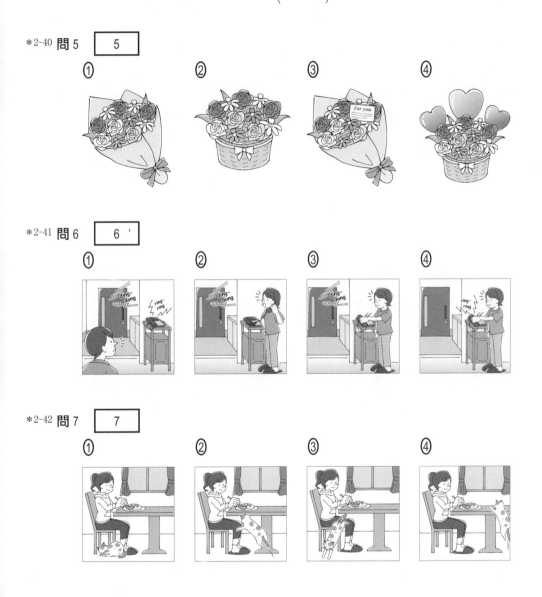

4 － 3

2-43**第2問　音声は2回流れます。**

　　第2問は**問**8から**問**11までの4問です。それぞれの問いについて，対話の場面が日本語で書かれています。対話とそれについての問いを聞き，その答えとして最も適切なものを，四つの選択肢 $\left(①～④\right)$ のうちから一つずつ選びなさい。

2-44 問8　親子が水族館に遊びに来ています。 8

① 　② 　③ ④

2-45 問9　夫婦が今週の天気予報について話しています。 9

①

Mon	Tue	Wed	Thu	Fri	Sat	Sun
20℃	20℃	20℃	20℃	20℃	30℃	31℃

②

Mon	Tue	Wed	Thu	Fri	Sat	Sun
31℃	30℃	30℃	32℃	31℃	30℃	31℃

③

Mon	Tue	Wed	Thu	Fri	Sat	Sun
31℃	30℃	30℃	32℃	31℃	20℃	20℃

④

Mon	Tue	Wed	Thu	Fri	Sat	Sun
20℃	20℃	20℃	20℃	20℃	30℃	31℃

2-46 問10　男性と女性がラテアートで有名なカフェに来ています。 10

① 　② 　③ 　④

2-47 問11　友達同士がたくさん雪が積もっているのを見て話しています。 11

① 　② 　③ 　④

第3問 音声は1回流れます。

第3問は問12から問17までの6問です。それぞれの問いについて，対話の場面が日本語で書かれています。対話を聞き，問いの答えとして最も適切なものを，四つの選択肢(①〜④)のうちから一つずつ選びなさい。(問いの英文は書かれています。)

*2-49 **問12** 夫婦が家でどのテレビ番組を見るか話しています。

What is the man going to do at 9:00? ☐ 12

① Record the documentary program

② Record the music program

③ Watch the documentary program

④ Watch the music program

*2-50 **問13** 女性がスーツケースについて話をしています。

Which is true about her suitcase? ☐ 13

① It is easy to pull.

② She doesn't like the design.

③ She doesn't like the wheels.

④ She wants to continue to use it.

*2-51 **問14** 夫婦が衣料品売り場で買い物をしています。

Which color will the woman choose? ☐ 14

① Black ② Dark green

③ Gray ④ Light yellow

第3問はさらに続きます。

問15 男性が女性に昨日見たテレビ番組の内容について話をしています。

How should we brush our teeth? 15

① Brush our gums hard

② Brush our teeth hard

③ Brush our teeth softly

④ Move our toothbrush widely

問16 駅で女性が駅員と話をしています。

How much difference is there in riding time between local trains and express trains? 16

① 10 minutes

② 15 minutes

③ 30 minutes

④ 45 minutes

問17 友人同士が血液型について話をしています。

Which is true according to the conversation? 17

① The man always keeps his room clean.

② The man's personality perfectly matches type A.

③ The woman thinks there is a connection between blood types and personalities.

④ The woman's blood type is A.

第4問　音声は1回流れます。

　　　第4問はAとBの二つの部分に分かれています。

　A　第4問Aは問18から問25の8問です。話を聞き，それぞれの問いの答えとして
　　最も適切なものを，選択肢から選びなさい。**問題文と図表を読む時間が与えられ
　　た後，音声が流れます。**

*2-56 問18〜21　あなたは，授業で配られたワークシートのグラフを完成させようとして
　　　います。先生の説明を聞き，四つの空欄　18　〜　21　に入れるのに最も
　　　適切なものを，四つの選択肢（①〜④）のうちから一つずつ選びなさい。

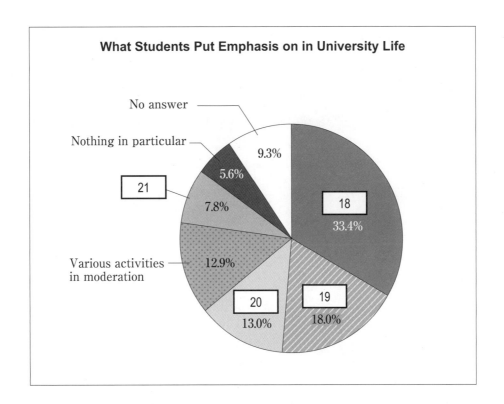

①　Club activities

②　Friendships

③　Hobbies

④　Studying

4 － 7

問22〜25　あなたは，バスのチケットを購入しようとしていて，チケットの種類と値段についての説明を聞いています。話を聞き，下の表の四つの空欄　22　〜　25　に入れるのに最も適切なものを，五つの選択肢（① 〜 ⑤）のうちから一つずつ選びなさい。選択肢は2回以上使ってもかまいません。

	Term	Limit	Price
Student Tickets	Sept. 1, 2020 — July 31, 2021	Unlimited travel	22
	Jan. 1, 2021 — May 31, 2021 (Terms 2-3)	Unlimited travel	23
	Sept. 1, 2020 — May 31, 2021 (Terms 1-3)	Unlimited travel	24
	Sept. 1, 2020 — July 31, 2021	Unlimited travel in the Canterbury zone	25

① £380　② £450　③ £565　④ £635　⑤ £750

B 第4問Bは問26の1問です。話を聞き，示された条件に最も合うものを，四つ
の選択肢（① 〜 ④）のうちから一つ選びなさい。下の表を参考にしてメモを取っ
てもかまいません。**状況と条件を読む時間が与えられた後，音声が流れます。**

状況

　あなたは，大学のスポーツセンターのクラスを受けようと考えています。受講す
るクラスを一つ決めるために，四人の友人のアドバイスを聞いています。

あなたが考えている条件

　A．朝か放課後に開講されていること

　B．受講生の人数が少ないこと

　C．初心者向けであること

	Classes	Condition A	Condition B	Condition C
①	dance			
②	yoga			
③	stretch			
④	table tennis			

*2-59 **問26**　You are most likely to choose a [　26　] class.

　① dance

　② yoga

　③ stretch

　④ table tennis

4 ― 9

第5問　音声は1回流れます。

第5問は問27から問33の7問です。最初に講義を聞き，問27から問32に答えなさい。次に続きを聞き，問33に答えなさい。**状況・ワークシート，問い及び図表を読む時間が与えられた後，音声が流れます。**

状況

あなたはアメリカの大学で，プラスチックごみ問題に対する各国の取り組みについての講義を，ワークシートにメモを取りながら聞いています。

ワークシート

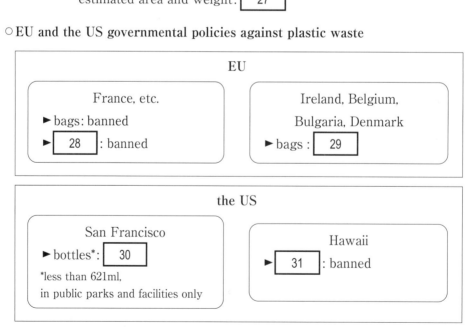

○ **Pollution caused by plastic waste**

　　Plastic bags, bottles, containers, etc.

　　　　　↓ (Thrown away)

　　Ocean Pollution　　　Ex. the Great Pacific Garbage Patch

　　　　location: between California and Hawaii

　　　　estimated area and weight: ┃ 27 ┃

○ **EU and the US governmental policies against plastic waste**

EU

France, etc.
► bags: banned
► ┃ 28 ┃ : banned

Ireland, Belgium,
Bulgaria, Denmark
► bags : ┃ 29 ┃

the US

San Francisco
► bottles*: ┃ 30 ┃
*less than 621ml,
in public parks and facilities only

Hawaii
► ┃ 31 ┃ : banned

問27　ワークシートの空欄　27　に入れるのに最も適切なものを，四つの選択肢
（① ～ ④）のうちから一つ選びなさい。

① 1.6 million km^2 / 79 million tons
② 6 million km^2 / 79 million tons
③ 79 million km^2 / 6 million tons
④ 79 million km^2 / 1.6 million tons

問28〜31　ワークシートの空欄　28　～　31　に入れるのに最も適切なものを，
六つの選択肢（① ～ ⑥）のうちから一つずつ選びなさい。選択肢は2回以上使ってもかまいません。

① bags　　　　　② containers　　　③ bottles
④ taxed or charged　⑤ banned　　　⑥ permitted

問32　講義の内容と一致するものはどれか。最も適切なものを，四つの選択肢
（① ～ ④）のうちから一つ選びなさい。　32

① EU countries and the US have invented the equipment that can clean up the plastic waste on the ocean.
② The efforts in the US are much more advanced than those in EU countries.
③ Almost all of the plastic bags and bottles end up as ocean pollution.
④ Some EU countries are attempting to reduce plastic waste by stopping the selling of plastic bags and containers.

第5問はさらに続きます。

問33 講義の続きを聞き，**下の表から読み取れる情報と講義全体の内容から**どのようなことが言えるか，最も適切なものを，四つの選択肢（①～④）のうちから一つ選びなさい。　33

Goals for Reducing Plastic Resource Consumption

COMPANY	ACTION	ACHIEVED BY
McDonald's Corporation	Completely switch to containers made from recyclable materials	2025
Starbucks Corporation	Completely switch to plastic cups, containers, etc. made from recyclable materials	2025
The Coca-Cola Company	Collect all bottles and recycle them	2030
〜	〜	〜
〜	〜	〜

① Once companies have achieved their goal, they will not have to decrease their plastic garbage anymore.

② Thanks to efforts by both governments and businesses, plastic waste is expected to decrease gradually.

③ Not only governments but also companies will be charged the tax for plastic waste.

④ However hard governments try to decrease plastic garbage, many companies will continue to throw it away.

第6問　音声は1回流れます。

第6問はAとBの二つの部分に分かれています。

A　第6問Aは問34・問35の2問です。二人の対話を聞き，それぞれの問いの答え
として最も適切なものを，四つの選択肢(① ～ ④)のうちから一つずつ選びなさい。
(問いの英文は書かれています。)**状況と問いを読む時間が与えられた後，音声が
流れます。**

状況

　Linda が Jake とコンタクトレンズ(contact lenses)について話をしています。

問34　What is Linda's main point?　　34

① Maintaining the one-day type doesn't cost as much as it seems.

② The one-day type is ideal, but it should be cheaper.

③ The two-week model is the most cost-effective.

④ The one-month type needs to be treated with more care.

問35　Which of the following statements would Jake agree with?　　35

① The one-day type needs improving in terms of quality.

② The maintenance cost is the lowest with the two-week model.

③ The two-week type is worth buying for various reasons.

④ It isn't necessary for one-day type users to buy lens cleaner.

B　第6問Bは問36・問37の2問です。会話を聞き，それぞれの問いの答えとして最も適切なものを，選択肢のうちから一つずつ選びなさい。下の表を参考にしてメモを取ってもかまいません。**状況と問いを読む時間が与えられた後，音声が流れます。**

状況

四人の学生(Barbara, Jessica, Ryota, Alex)が，カラーコンタクトレンズの購入方法について意見交換をしています。

Barbara	
Jessica	
Ryota	
Alex	

*2-66 **問36**　会話が終わった時点で，カラーコンタクトレンズのインターネット購入に**賛成した人**は四人のうち何人でしたか。四つの選択肢(① ～ ④)のうちから一つ選びなさい。　36

① 1人
② 2人
③ 3人
④ 4人

問37 会話を踏まえて，Barbara の意見を最もよく表している図表を，四つの選択肢(① ～ ④)のうちから一つ選びなさい。 37

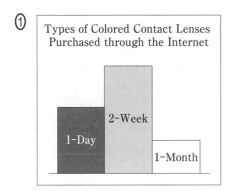

① Types of Colored Contact Lenses Purchased through the Internet

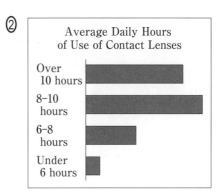

② Average Daily Hours of Use of Contact Lenses

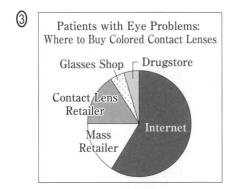

③ Patients with Eye Problems: Where to Buy Colored Contact Lenses

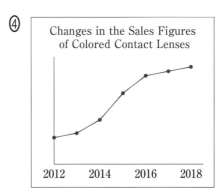

④ Changes in the Sales Figures of Colored Contact Lenses

英　語【リスニング】(30分)

注　意　事　項

1．試験開始の合図があるまで，この問題冊子の中を見てはいけません。

2．この問題は，2ページから15ページまであります。

　試験中に問題冊子の印刷不鮮明，ページの落丁・乱丁及び解答用紙の汚れ等に気づいた場合は，手を挙げて監督の先生に知らせなさい。

3．試験は音声によって行われます。

4．この試験では，聞き取る英語の音声を2回流す問題と，1回流す問題があります。流す回数は下の表のとおりです。また，流す回数は，各問題の指示文にも書かれています。

問題	第1問	第2問	第3問	第4問	第5問	第6問
流す回数	2回	2回	1回	1回	1回	1回

5．解答は，設問ごとに別紙解答用紙に記入しなさい。問題冊子に記入しておいて，途中や最後にまとめて解答用紙に転記してはいけません（まとめて転記する時間は用意されていません。）。

6．解答用紙には解答欄以外に「組，番号，名前」の記入欄があるので，それぞれ正しく記入しなさい。

英　語【リスニング】$\left(\substack{\text{試験時間}\\30分}\right)$

$\left(\text{解答番号}\boxed{1}\sim\boxed{37}\right)$

第1問　音声は2回流れます。

第1問はAとBの二つの部分に分かれています。

A　第1問Aは問1から問4までの4問です。英語を聞き，それぞれの内容と最もよく合っているものを，四つの選択肢(①〜④)のうちから一つずつ選びなさい。

*3-2 問1　$\boxed{1}$
① The speaker and her brother were able to cook curry by themselves.
② The speaker cooked curry with her brother and mother.
③ The speaker cooked curry with her parents.
④ The speaker's mother cooked curry for her children.

*3-3 問2　$\boxed{2}$
① The speaker buys ornaments made from shells.
② The speaker makes ornaments from shells on the beach.
③ The speaker goes to the beach and sells ornaments there.
④ The speaker buys some shells to make ornaments.

*3-4 問3　$\boxed{3}$
① The admission fee is 5 dollars for an adult.
② The admission fee is 10 dollars for a child.
③ The admission fee is 10 dollars for two children.
④ The admission fee is 20 dollars for an adult.

*3-5 問4　$\boxed{4}$
① Mark had been waiting at the place when the speaker arrived.
② Mark had gone home when the speaker arrived.
③ The speaker arrived on time, but she wasn't able to meet Mark.
④ The speaker was late because of the meeting.

*3-6 B 　**第1問B**は**問**5から**問**7までの3問です。英語を聞き，それぞれの内容と最も
　　 よく合っている絵を，四つの選択肢(① 〜 ④)のうちから一つずつ選びなさい。

*3-7 **問5**　　5

*3-8 **問6**　　6

*3-9 **問7**　　7

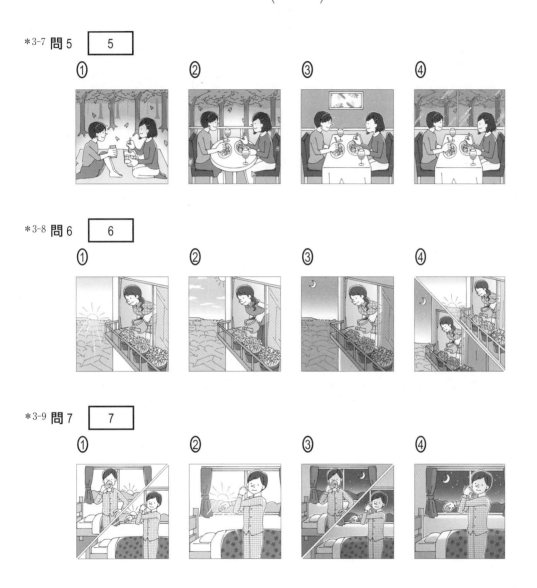

第2問 音声は2回流れます。

第2問は問8から問11までの4問です。それぞれの問いについて，対話の場面が日本語で書かれています。対話とそれについての問いを聞き，その答えとして最も適切なものを，四つの選択肢(①〜④)のうちから一つずつ選びなさい。

*3-11 **問8** 花瓶をどこに飾るか話し合っています。 ⬚8⬚

*3-12 **問9** 夫婦が家の中で猫を探しています。 ⬚9⬚

① 　② 　③ 　④

*3-13 **問10** 男性が郵便局で小包を送ろうとしています。 ⬚10⬚

① 　② 　③ 　④

*3-14 **問11** 兄と妹がケーキの飾り付けをしています。 ⬚11⬚

① 　② 　③ 　④

第3問　音声は1回流れます。

　　第3問は問12から問17までの6問です。それぞれの問いについて，対話の場面が日本語で書かれています。対話を聞き，問いの答えとして最も適切なものを，四つの選択肢（① ～ ④）のうちから一つずつ選びなさい。（問いの英文は書かれています。）

*3-16 **問12**　男性が起床するときの話をしています。

What is the woman's new advice to the man?　| 12 |

① 　To keep the curtains open

② 　To keep using the current alarm clock

③ 　To use a loud alarm clock

④ 　To use a smartphone

*3-17 **問13**　夫婦が明日の朝の予定について話をしています。

What is the man's advice?　| 13 |

① 　The woman should give him a ride to the airport.

② 　The woman should go to the airport by train.

③ 　The woman should make a reservation for a taxi.

④ 　The woman should make a reservation for the flight.

*3-18 **問14**　デパートの洋服売り場で男性が店員と話をしています。

What size dress will the man buy?　| 14 |

① 　S size　　　　　　　　② 　M size

③ 　L size　　　　　　　　④ 　XL size

第3問はさらに続きます。 ⟹

*3-19 問15　男性がホームステイ先に持っていく物について話をしています。

What did the man think of traditional Japanese toys for foreign children at first? ☐ 15

① They're boring.

② They're hard to master.

③ They're very interesting.

④ They're very popular.

*3-20 問16　女の子が学校で出された数学の宿題について話をしています。

Why is the girl struggling with the homework? ☐ 16

① Because she cannot calculate correctly.

② Because she cannot find many solutions by herself.

③ Because she doesn't like the solutions.

④ Because she is not good at math.

*3-21 問17　大学の授業で女子学生が教授に質問をしています。

What did the student find out about her test result? ☐ 17

① She didn't find out anything.

② She found out that her score was over 80 points.

③ She found out that she is in the top class.

④ She found out that the class was divided into two levels.

第4問　音声は1回流れます。

第4問はAとBの二つの部分に分かれています。

A　第4問Aは問18から問25の8問です。話を聞き，それぞれの問いの答えとして
最も適切なものを，選択肢から選びなさい。**問題文と図表を読む時間が与えられ
た後，音声が流れます。**

*3-23 **問18〜21**　あなたは，授業で配られたワークシートのグラフを完成させようとして
います。先生の説明を聞き，四つの空欄 18 〜 21 に入れるのに最も
適切なものを，四つの選択肢（①〜④）のうちから一つずつ選びなさい。

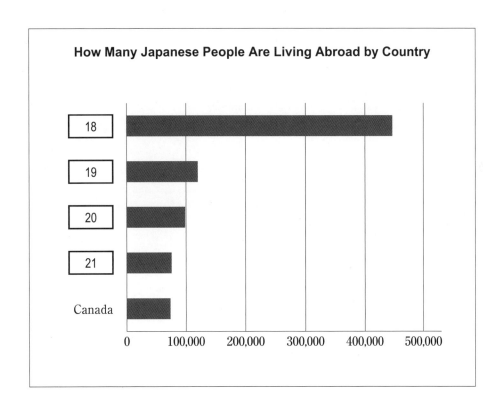

① 　Australia

② 　China

③ 　Thailand

④ 　The U.S.

問22～25 あなたは，大聖堂でのコンサートや公演に興味を持っていて，コンサートや公演のスケジュールについての説明を聞いています。話を聞き，下の表の四つの空欄 22 ～ 25 に入れるのに最も適切なものを，五つの選択肢 (① ～ ⑤) のうちから一つずつ選びなさい。選択肢は2回以上使ってもかまいません。

Date	Time	Concert / Recital
May 8th	22	Patrick Williams Concert
May 12th	23	University of Kent Concert
May 22nd	24	the London Welsh Male Voice Choir
May 26th	1:40 p.m.	Midday recital
May 28th, 29th	25	Canterbury Christ Church University Concert

① 6:15 p.m.　② 6:30 p.m.　③ 6:50 p.m.　④ 7:15 p.m.
⑤ 7:30 p.m.

B　第4問Bは問26の1問です。話を聞き，示された条件に最も合うものを，四つ
の選択肢（①～④）のうちから一つ選びなさい。下の表を参考にしてメモを取っ
てもかまいません。**状況と条件を読む時間が与えられた後，音声が流れます。**

状況

あなたは，図書館のどこかのフロアでグループでプレゼンテーションの準備をし
ようと考えています。フロアを一つ決めるために，四人の友人のアドバイスを聞
いています。

あなたが考えている条件

A．話し合いができること

B．パソコンが使えること

C．必要な本を探しに行くことができること

	Floors	Condition A	Condition B	Condition C
①	The first floor			
②	The second floor			
③	The third floor			
④	The fourth floor			

*3-26 問26　[26]　is the floor you are most likely to choose.

① The first floor

② The second floor

③ The third floor

④ The fourth floor

第5問　音声は1回流れます。

第5問は問27から問33の7問です。最初に講義を聞き，問27から問32に答えなさい。次に続きを聞き，問33に答えなさい。**状況・ワークシート，問い及び図表を読む時間が与えられた後，音声が流れます。**

状況

あなたはアメリカの大学で，オランダにおけるスマート農業の実践例についての講義を，ワークシートにメモを取りながら聞いています。

ワークシート

The Netherlands, the second biggest exporter of the farm products

○ How much farmland area does it have?

　*Area of the farmland　／　Area of the country　➡　| 27 |

　(＿＿＿＿＿＿ km²)　　　(＿＿＿＿＿＿ km²)

　　　*based on the 2013 survey

○ Smart greenhouses common in the Netherlands

	do	what	how
Smart greenhouses	condition	temperature	artificially
	28	humidity level	29
	give	water and fertilizer	artificially
	30	sunlight	31

問27　ワークシートの空欄 　27　 に入れるのに最も適切なものを，四つの選択肢 (① ～ ④)のうちから一つ選びなさい。

① less than 10%　　　　　② about 40%

③ about 70%　　　　　　④ more than 90%

問28～31　ワークシートの空欄 　28　 ～ 　31　 に入れるのに最も適切なものを，六つの選択肢(① ～ ⑥)のうちから一つずつ選びなさい。選択肢は2回以上使ってもかまいません。

① condition　　　　　　② give

③ produce　　　　　　　④ naturally

⑤ artificially　　　　　　⑥ naturally and artificially

問32　講義の内容と一致するものはどれか。最も適切なものを，四つの選択肢 (① ～ ④)のうちから一つ選びなさい。　32

① Many farmers in the Netherlands have improved their productivity with the assistance of ICT.

② The tomato is one of the vegetable crops the Netherlands mainly imports from abroad.

③ The ICT-based smart farming in the Netherlands had already begun in the 1980s.

④ The gross amount of agricultural production in the Netherlands is the second most in the world.

第5問はさらに続きます。　⟹

問33 講義の続きを聞き，**下の表から読み取れる情報と講義全体の内容から**どのようなことが言えるか，最も適切なものを，四つの選択肢(① ～ ④)のうちから一つ選びなさい。 33

Major Export Destinations of Dutch Agricultural Products (2015)

Rank	Export Destination	Amount (billion dollars)	Percentage
1	Germany	21.9	25.4%
2	Belgium	9.2	10.6%
3	the UK	9.0	10.4%
4	France	7.4	8.6%
5	Italy	3.3	3.9%

① Germany consumes more agricultural products from the Netherlands than its own products.

② Vegetables from the Netherlands can reach each destination with little spoiling.

③ A convenient transportation system has allowed the Dutch people to travel to neighboring countries faster.

④ Greenhouse vegetables grown in the Netherlands sell well in countries other than Germany.

第6問　音声は1回流れます。

　第6問はAとBの二つの部分に分かれています。

A　第6問Aは問34・問35の2問です。二人の対話を聞き，それぞれの問いの答え
　として最も適切なものを，四つの選択肢(① ～ ④)のうちから一つずつ選びなさい。
　(問いの英文は書かれています。)状況と問いを読む時間が与えられた後，音声が
　流れます。

状況

　Greg が母親とスマートフォンの使用について話をしています。

問34　What is Greg's mother's main point?　　34

① Students have to prepare for the class before it starts.

② Smartphones must be useful tools at school.

③ The school should stop the use of smartphones in class.

④ Smartphone use will decrease students' concentration.

問35　Which of the following statements would Greg agree with?　　35

① It is important for teachers to learn how to use smartphones.

② It is natural that the use of smartphones at school is limited.

③ Students should be allowed to use smartphones whenever they want.

④ Social media and YouTube videos must be harmful to students.

B　第6問Bは問36・問37の2問です。会話を聞き，それぞれの問いの答えとして最も適切なものを，選択肢のうちから一つずつ選びなさい。下の表を参考にしてメモを取ってもかまいません。**状況と問いを読む時間が与えられた後，音声が流れます。**

状況

　Professor Kato と三人の学生(Yuhei, Jane, Rachel)が，学校でのスマートフォンの使用について意見交換をしています。

Professor Kato	
Yuhei	
Jane	
Rachel	

*3-33 **問36**　会話が終わった時点で，学校でのスマートフォンの使用に**賛成した人**は四人のうち何人でしたか。四つの選択肢 $(① 〜 ④)$ のうちから一つ選びなさい。

36

① 　1人
② 　2人
③ 　3人
④ 　4人

問37　会話を踏まえて，Rachel の意見を最もよく表している図表を，四つの選択肢（①〜④）のうちから一つ選びなさい。　37

① Disadvantages of IT Devices
in Class

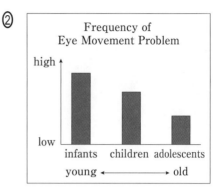

② Frequency of
Eye Movement Problem

high

low

infants　children　adolescents

young ◄─────► old

③ Prohibition of Smartphones
in Class

100
(%)

50

2008　10　12　14　16　2018

④ Changes in Students' Grades

7%

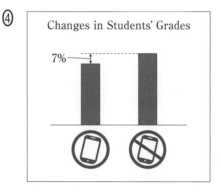

英　語【リスニング】(30分)

注　意　事　項

1．**試験開始の合図があるまで，この問題冊子の中を見てはいけません。**

2．この問題は，2ページから15ページまであります。

　試験中に問題冊子の印刷不鮮明，ページの落丁・乱丁及び解答用紙の汚れ等に気づいた場合は，手を挙げて監督の先生に知らせなさい。

3．試験は音声によって行われます。

4．この試験では，聞き取る英語の音声を2回流す問題と，1回流す問題があります。流す回数は下の表のとおりです。また，流す回数は，各問題の指示文にも書かれています。

問題	第1問	第2問	第3問	第4問	第5問	第6問
流す回数	2回	2回	1回	1回	1回	1回

5．解答は，設問ごとに別紙解答用紙に記入しなさい。問題冊子に記入しておいて，途中や最後にまとめて解答用紙に転記してはいけません（まとめて転記する時間は用意されていません。）。

6．解答用紙には解答欄以外に「組，番号，名前」の記入欄があるので，それぞれ正しく記入しなさい。

[第6回]

英　語【リスニング】 $\left(\begin{array}{c}\text{試験時間}\\30分\end{array}\right)$

$\left(\text{解答番号}\boxed{1}\sim\boxed{37}\right)$

第1問　音声は2回流れます。

第1問はAとBの二つの部分に分かれています。

A　第1問Aは問1から問4までの4問です。英語を聞き，それぞれの内容と最も
よく合っているものを，四つの選択肢(① ～ ④)のうちから一つずつ選びなさい。

*3-35 **問1**
$\boxed{1}$

① Beth always waits for the speaker.

② The speaker always keeps Beth waiting.

③ The speaker always makes Beth angry.

④ The speaker is always annoyed by Beth.

*3-36 **問2**
$\boxed{2}$

① The speaker saw someone taking a nap on the sofa.

② The speaker tapped someone on the shoulder while he was sleeping.

③ Someone tapped on the sofa while taking a nap.

④ Someone touched him while the speaker was sleeping.

*3-37 **問3**
$\boxed{3}$

① Fifteen buses stop at the bus stop.

② The bus leaves every hour on the fifteen.

③ The bus runs every fifty minutes.

④ The bus runs four times per hour.

*3-38 **問4**
$\boxed{4}$

① He didn't get up this morning.

② He got sick during the class today.

③ He overslept this morning.

④ He wasn't absent from class today.

*3-39 B　第1問Bは問5から問7までの3問です。英語を聞き，それぞれの内容と最も
よく合っている絵を，四つの選択肢(① 〜 ④)のうちから一つずつ選びなさい。

*3-40 問5　5

① ② ③ ④

*3-41 問6　6

① ② ③ ④

*3-42 問7　7

① ② ③ ④

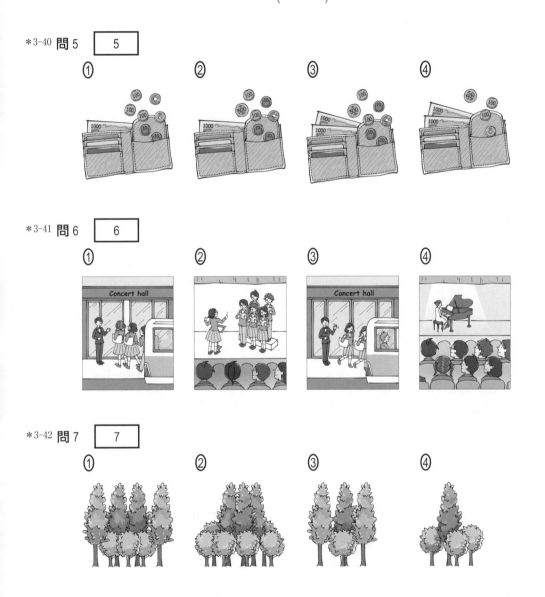

第２問　音声は２回流れます。

第２問は問８から問11までの４問です。それぞれの問いについて，対話の場面が日本語で書かれています。対話とそれについての問いを聞き，その答えとして最も適切なものを，四つの選択肢(① 〜 ④)のうちから一つずつ選びなさい。

*3-44 **問8**　夫婦が週末の天気について話しています。　8

*3-45 **問9**　電話で話しながら男性が引き出しの中を見ています。　9

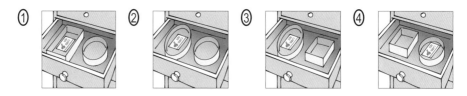

*3-46 **問10**　上司と部下が広告のレイアウトについて話しています。　10

*3-47 **問11**　二人がアルバイトの出勤日について話しています。　11

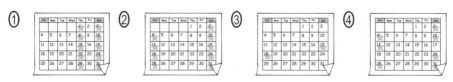

第3問　音声は1回流れます。

第3問は問12から問17までの6問です。それぞれの問いについて，対話の場面が日本語で書かれています。対話を聞き，問いの答えとして最も適切なものを，四つの選択肢(①～④)のうちから一つずつ選びなさい。(問いの英文は書かれています。)

*3-49 **問12**　男性がこれから家を出ようとしています。

What is the man going to buy?　| 12 |

① A large light bulb for the dining room

② A pen and a large light bulb for the kitchen

③ A pen and a light bulb

④ A small light bulb for the dining room

*3-50 **問13**　患者が診療所で診察を受けています。

What does the patient explain to the doctor?　| 13 |

① He has felt tired of working for a week.

② He has had a sharp pain for a week.

③ He suffers from a dull lower back pain.

④ His back has been sharp and painful.

*3-51 **問14**　友人同士が学校で休み時間中に話をしています。

When is the girl's pet dog's birthday?　| 14 |

① April 11　　　　② April 15

③ April 30　　　　④ May 2

第3問はさらに続きます。 ⇒

問15　男性が駅で駅員に話しかけています。

What will the man probably do next? 　15

① Ask for the details about the delay

② Change to a National Railway train

③ Go to the subway station

④ Wait in the city government office

問16　空港の時計店で男性が店員と話をしています。

How much can the man buy this watch for? 　16

① $800

② $900

③ $1,000

④ $1,200

問17　男性が，スペインを旅行してきた女性と話をしています。

Which is true according to the conversation? 　17

① People in Madrid can speak only Spanish.

② The man is planning a trip to Spain.

③ The woman is fluent in Spanish.

④ The woman used Spanish and English in Spain.

第4問　音声は1回流れます。

第4問はAとBの二つの部分に分かれています。

A　第4問Aは問18から問25の8問です。話を聞き，それぞれの問いの答えとして最も適切なものを，選択肢から選びなさい。**問題文と図表を読む時間が与えられた後，音声が流れます。**

*3-56 問18〜21　あなたは，授業で配られたワークシートの表を完成させようとしています。先生の説明を聞き，四つの空欄 | 18 | 〜 | 21 | に入れるのに最も適切なものを，四つの選択肢（① 〜 ④）のうちから一つずつ選びなさい。

The Ranking of Japanese Potatoes and Beans Production in 2019

Crops	National production	Ranking				
		1	2	3	4	5
18	748,700t	Kagoshima 261,000t	Ibaraki 168,100t	Chiba 93,700t	Miyazaki 80,600t	Tokushima 27,300t
19	2,399,000t	Hokkaido 1,890,000t	Kagoshima 95,000t	Nagasaki 90,900t	Ibaraki 48,300t	Chiba 29,500t
20	217,800t	Hokkaido 88,400t	Miyagi 15,100t	Akita 13,900t	Fukuoka 8,800t	Shiga 7,800t
21	59,100t	Hokkaido 55,400t	Hyogo 500t	Kyoto 200t	Shiga 100t	—
Buckwheat	42,600t	Hokkaido 19,700t	Nagano 3,400t	Yamagata 2,600t	Tochigi 2,300t	Akita 2,100t

① Adzuki beans

② Potatoes

③ Soybeans

④ Sweet potatoes

問22〜25 あなたは，お店でアウトドアテーブルセットを選んでいて，商品についての説明を聞いています。話を聞き，下の表の四つの空欄 | 22 | 〜 | 25 | に入れるのに最も適切なものを，五つの選択肢 $\left(\text{①}〜\text{⑤}\right)$ のうちから一つずつ選びなさい。選択肢は 2 回以上使ってもかまいません。

Products	Contents	Price
The wooden collection	1 foldable table 4 foldable chairs	22
	1 foldable table 6 foldable chairs	
	1 foldable (extendable) table 6 foldable chairs	23
The metal collection	1 glass top table 2 foldable chairs	
	1 glass top table 4 foldable chairs	24
	1 glass top table 6 foldable chairs	25

① £65　　② £100　　③ £120　　④ £180　　⑤ £300

B 第4問Bは問26の1問です。話を聞き，示された条件に最も合うものを，四つの選択肢(①〜④)のうちから一つ選びなさい。下の表を参考にしてメモを取ってもかまいません。**状況と条件を読む時間が与えられた後，音声が流れます。**

状況

　4月から大学で開講する英語特別クラスの欠員が出たため，受講希望者を1名募集したところ，複数の応募がありました。一人選ぶために，四人の応募者(applicant)の自己紹介を聞いています。

あなたが考えている条件

　A．水曜日と金曜日の夕方に参加できること

　B．初級レベルまでの英語力(TOEIC 400点以下，英検準2級まで)であること

　C．2期以上(1期は2か月)継続して受講できること

	Applicants	Condition A	Condition B	Condition C
①	Kyosuke SASAKI			
②	Maki TANAKA			
③	Kodai YAMANAKA			
④	Yuna HONJO			

問26 ┌─ 26 ─┐ is the applicant you are most likely to choose.

① Kyosuke SASAKI

② Maki TANAKA

③ Kodai YAMANAKA

④ Yuna HONJO

第5問　音声は1回流れます。

　　第5問は問27から問33の7問です。最初に講義を聞き，問27から問32に答えなさい。次に続きを聞き，問33に答えなさい。**状況・ワークシート，問い及び図表を読む時間が与えられた後，音声が流れます。**

状況

　あなたはアメリカの大学で，電気自動車のバッテリーについての講義を，ワークシートにメモを取りながら聞いています。

ワークシート

○ Today: E-cars becoming more popular

○ One of the reasons: Less CO_2 coming from e-cars

　　↑　How little is the CO_2? (　[27]　)

○ Lithium-ion battery: smaller than a traditional one ── making e-cars lighter

○ Disadvantages of the lithium-ion battery

Phase	Disadvantage in		Reasons
making	[28]		[29]
using	temperature		less effective in the cold weather
	[30]		[31]
throwing away	handling		collect and store carefully → avoid fires
	cost		sort out rare metals

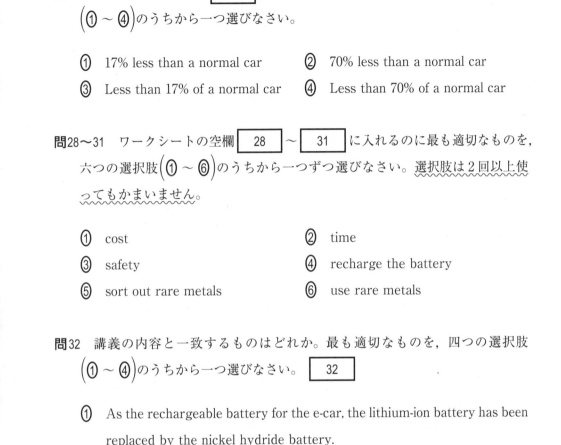

*3-61 問27　ワークシートの空欄 27 に入れるのに最も適切なものを，四つの選択肢
(① ～ ④)のうちから一つ選びなさい。

① 17% less than a normal car　　② 70% less than a normal car

③ Less than 17% of a normal car　④ Less than 70% of a normal car

問28～31　ワークシートの空欄 28 ～ 31 に入れるのに最も適切なものを，
六つの選択肢(① ～ ⑥)のうちから一つずつ選びなさい。選択肢は2回以上使
ってもかまいません。

① cost　　　　　　　　　② time

③ safety　　　　　　　　④ recharge the battery

⑤ sort out rare metals　　⑥ use rare metals

問32　講義の内容と一致するものはどれか。最も適切なものを，四つの選択肢
(① ～ ④)のうちから一つ選びなさい。 32

① As the rechargeable battery for the e-car, the lithium-ion battery has been
replaced by the nickel hydride battery.

② More kinds of rare metals will be needed in the future to make more
efficient lithium-ion batteries for the e-car.

③ The electric car is very good for the environment and more cost-effective
because its engine burns less fuel.

④ The electric car will help protect the environment more and become more
popular if its disadvantages are improved.

第5問はさらに続きます。

*3-62 **問**33 講義の続きを聞き，**下の図から読み取れる情報と講義全体の内容から**どのようなことが言えるか，最も適切なものを，四つの選択肢（①〜④）のうちから一つ選びなさい。 　33

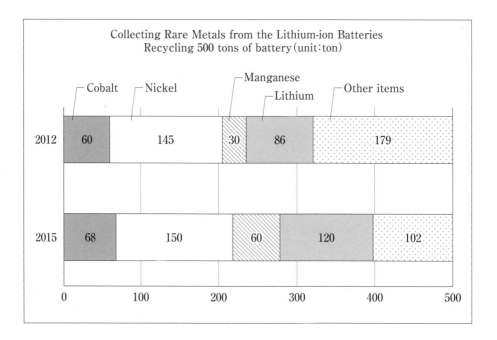

① At present, collecting the rare metals from used lithium-ion batteries is very difficult from the viewpoint of technology.

② Judging from the charts presented in the lecture, the amount of nickel will increase dramatically in a few years.

③ Some technical innovation enabled the recycling facility mentioned in the lecture to improve the efficiency of recycling the batteries.

④ The lecturer seems to be satisfied with the present situation of recycling the lithium-ion batteries in Japan.

第6問　音声は1回流れます。

第6問はAとBの二つの部分に分かれています。

A　第6問Aは問34・問35の2問です。二人の対話を聞き，それぞれの問いの答え として最も適切なものを，四つの選択肢(①～④)のうちから一つずつ選びなさい。 (問いの英文は書かれています。)**状況と問いを読む時間が与えられた後，音声が 流れます。**

> 状況
>
> 会社の同僚がプレゼンテーションの打ち合わせをしています。

*3-64 問34　What is the woman's main point?　| 34 |

① She feels telling the negative points of their competitors is a good strategy.

② She thinks telling both the good and bad sides results in getting customers to trust their company.

③ She thinks they had better conceal the demerits of their service.

④ She wants the man to make a point of getting short-term profits.

問35　Which of the following statements would the man agree with?　| 35 |

① Having disadvantages will increase his company's value.

② His strategy will not lead to the increase in their sales.

③ It is necessary to speak ill of their rivals to get more sales.

④ Their presentation should be easy for the audience to understand.

B　第6問Bは問36・問37の2問です。会話を聞き，それぞれの問いの答えとして最も適切なものを，選択肢のうちから一つずつ選びなさい。下の表を参考にしてメモを取ってもかまいません。**状況と問いを読む時間が与えられた後，音声が流れます。**

状況

　四人の学生(Mark，Barbara，Kota，Linda)が，ポイントカード(loyalty cards / point cards)を積極的に利用することについて意見交換をしています。

Mark	
Barbara	
Kota	
Linda	

*3-66 **問36**　会話が終わった時点で，実物のポイントカードを**利用している人**は四人のうち何人でしたか。四つの選択肢(① ～ ④)のうちから一つ選びなさい。　　36

① 1人
② 2人
③ 3人
④ 4人

問37　会話を踏まえて，Kota の意見を最もよく表している図表を，四つの選択肢（① ～ ④）のうちから一つ選びなさい。　37

① Cards vs. Apps

② The point-USD exchange rate

Points	US dollars
100	1.00
200	2.00
300	3.00
400	4.00

③ The point-coupon exchange rate

Points	Coupon
1,000	$10.00
2,000	$20.00
3,000	$30.00
4,000	$40.00

④ Shoppers' consumption

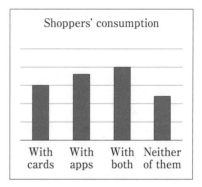

英　語【リスニング】(30分)

注 意 事 項

1．試験開始の合図があるまで，この問題冊子の中を見てはいけません。

2．この問題は，2ページから15ページまであります。

　試験中に問題冊子の印刷不鮮明，ページの落丁・乱丁及び解答用紙の汚れ等に気づいた場合は，手を挙げて監督の先生に知らせなさい。

3．試験は音声によって行われます。

4．この試験では，聞き取る英語の音声を2回流す問題と，1回流す問題があります。流す回数は下の表のとおりです。また，流す回数は，各問題の指示文にも書かれています。

問題	第1問	第2問	第3問	第4問	第5問	第6問
流す回数	2回	2回	1回	1回	1回	1回

5．解答は，設問ごとに別紙解答用紙に記入しなさい。問題冊子に記入しておいて，途中や最後にまとめて解答用紙に転記してはいけません（まとめて転記する時間は用意されていません。）。

6．解答用紙には解答欄以外に「組，番号，名前」の記入欄があるので，それぞれ正しく記入しなさい。

英　語【リスニング】　(試験時間 30分)

(解答番号 1 ～ 37)

第1問　音声は2回流れます。

第1問はAとBの二つの部分に分かれています。

A　第1問Aは問1から問4までの4問です。英語を聞き，それぞれの内容と最もよく合っているものを，四つの選択肢(①～④)のうちから一つずつ選びなさい。

*3-68 問1
1
① The customer canceled her order.
② The customer ordered a seafood salad.
③ The waiter offered a salad.
④ The waiter ran to the customer.

*3-69 問2
2
① Bill and Jenny bought their new house.
② Bill and Jenny don't want to build their house.
③ Bill and Jenny had lived in the house before.
④ Bill and Jenny still own their house now.

*3-70 問3
3
① Meg failed to pass the driving test.
② Meg has taken the driving test three times.
③ Meg longed to get her driver's license.
④ The driving test was very easy for Meg.

*3-71 問4
4
① Comic books were returned to the speaker.
② David bought comic books himself.
③ David will borrow the books the speaker bought.
④ The speaker lent comic books to David.

*3-72 B　第1問Bは問5から問7までの3問です。英語を聞き，それぞれの内容と最も
　　　よく合っている絵を，四つの選択肢(①〜④)のうちから一つずつ選びなさい。

*3-73 問5　　5

① ② ③ ④

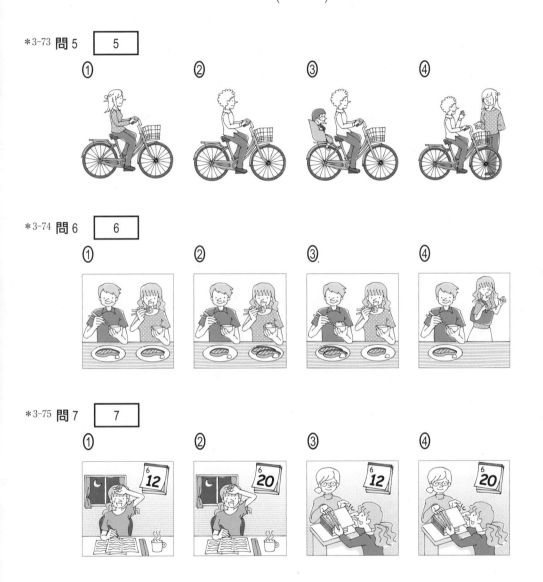

*3-74 問6　　6

① ② ③ ④

*3-75 問7　　7

① ② ③ ④

第2問　音声は2回流れます。

第2問は問8から問11までの4問です。それぞれの問いについて，対話の場面が日本語で書かれています。対話とそれについての問いを聞き，その答えとして最も適切なものを，四つの選択肢(①〜④)のうちから一つずつ選びなさい。

問8　買い物客が家具について話しています。　| 8 |

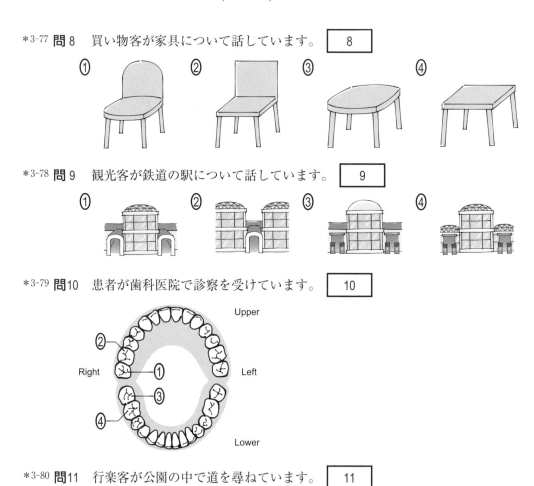

① ② ③ ④

問9　観光客が鉄道の駅について話しています。　| 9 |

① ② ③ ④

問10　患者が歯科医院で診察を受けています。　| 10 |

Upper

②　①

Right　Left

③

④

Lower

問11　行楽客が公園の中で道を尋ねています。　| 11 |

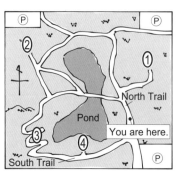

7 － 4

第3問　音声は1回流れます。

　　第3問は問12から問17までの6問です。それぞれの問いについて，対話の場面が日本語で書かれています。対話を聞き，問いの答えとして最も適切なものを，四つの選択肢（①〜④）のうちから一つずつ選びなさい。（問いの英文は書かれています。）

問12　女子大学生が留学の手続きについて，事務職員と話をしています。

What will happen on July 11?　　12

① He will find out her number.

② He will tell her how to pay.

③ She will receive her passport.

④ She will bring the application form.

問13　女性医師が患者の体調について質問しています。

How long has the man had pain in his throat?　　13

① For five days　　② Since this evening

③ Since this morning　　④ Since yesterday

問14　友人同士が学校の食堂で話をしています。

Where will Mike probably find the woman's smartphone?　　14

① In the cafeteria

② In the office

③ In the reading room

④ In the reference room

第3問はさらに続きます。

問15　妻が出勤前の夫と話をしています。

What will happen to the man in the evening? 　15

① He will buy an umbrella.

② He will come home with his client.

③ He will take a shower.

④ He won't go back to his office.

問16　観光地で女性がガイドと話をしています。

How many times will the man press the shutter? 　16

① Once

② Twice

③ Three times

④ Four times

問17　友人同士が大学卒業後の進路について話をしています。

What is the woman's major at university? 　17

① Architecture

② History

③ Information Technology

④ Mechanical Engineering

第4問　音声は1回流れます。

　　　第4問はAとBの二つの部分に分かれています。

　A　第4問Aは**問**18から**問**25の8問です。話を聞き，それぞれの問いの答えとして
　　最も適切なものを，選択肢から選びなさい。**問題文と図表を読む時間が与えられ**
　　た後，音声が流れます。

*3-89 **問**18〜21　あなたは，授業で配られたワークシートのグラフを完成させようとして
　　います。先生の説明を聞き，四つの空欄 | 18 | 〜 | 21 | に入れるのに最も
　　適切なものを，四つの選択肢(① 〜 ④)のうちから一つずつ選びなさい。

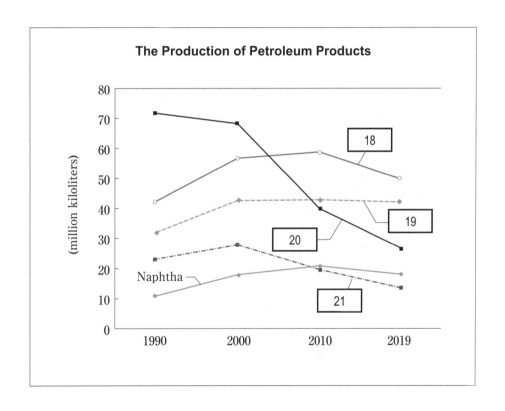

①　Gasoline

②　Heavy oil

③　Kerosene

④　Light oil

問22〜25　John は，週末にほかの 7 人の仲間とバーベキューパーティーを開く予定で，これからそれぞれが準備する食材を決めようとしています。John の話を聞き，下の表の四つの空欄 | 22 | 〜 | 25 | に入れるのに最も適切なものを，五つの選択肢（① 〜 ⑤）のうちから一つずつ選びなさい。選択肢は 2 回以上使ってもかまいません。

Participant	Means of transportation	Travel time (mins.)	Things to bring
Anne	train	45	
Bob	car	30	22
Emi	bus	80	
John	train	60	23
Laura	bike	25	
Manami	car	90	24
Steve	on foot	15	
Takeshi	bike	25	25

① Beverages　　② Meat　　③ Seafood　　④ Vegetables
⑤ Fruits

B　第４問Bは問26の１問です。話を聞き，示された条件に最も合うものを，四つ
の選択肢(①～④)のうちから一つ選びなさい。下の表を参考にしてメモを取っ
てもかまいません。**状況と条件を読む時間が与えられた後，音声が流れます。**

状況

　大学が交換留学生の学習を支援する学生サポーターを１名募集したところ，複数
の応募がありました。一人選ぶために，四人の応募者(applicant)の自己紹介を聞
いています。

あなたが考えている条件

　A．英語圏の国，地域に留学したか，住んでいたことがあること

　B．平日の夕方に週３日以上支援できること

　C．日本の文化についての知識，経験，技能があること

Applicants	Condition A	Condition B	Condition C
① Ayaka URABE			
② Satoshi KAMADA			
③ Reina SHIMIZU			
④ Junpei DOI			

問26　| 26 |　is the applicant you are most likely to choose.

① Ayaka URABE

② Satoshi KAMADA

③ Reina SHIMIZU

④ Junpei DOI

第5問 音声は1回流れます。

第5問は問27から問33の7問です。最初に講義を聞き，問27から問32に答えなさい。次に続きを聞き，問33に答えなさい。**状況・ワークシート，問い及び図表を読む時間が与えられた後，音声が流れます。**

状況

あなたはアメリカの大学で，印刷と経費の関係についての講義を，ワークシートにメモを取りながら聞いています。

ワークシート

○ At present: paper consumption increasing

  ↑   increased 4 times

  5 years ago

○ Why? → (27   )

○ Attempts to solve the problem: 2 solutions

○ Paper consumption among solutions

Solutions	Paper consumption	Drawbacks
using both sides	28	29
multi pages into one	30	2 pages on 1 needs extra work 31
	least	4 pages on 1 becomes difficult to read

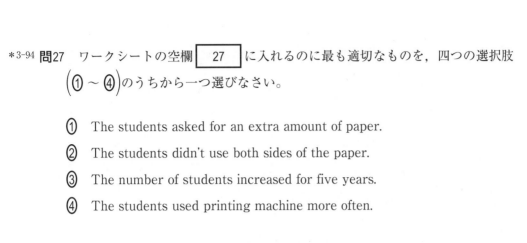

問27 ワークシートの空欄 ┃ 27 ┃に入れるのに最も適切なものを，四つの選択肢

*3-94 問27 ワークシートの空欄　27　に入れるのに最も適切なものを，四つの選択肢
$\left(①〜④\right)$のうちから一つ選びなさい。

① The students asked for an extra amount of paper.

② The students didn't use both sides of the paper.

③ The number of students increased for five years.

④ The students used printing machine more often.

問28〜31　ワークシートの空欄　28　〜　31　に入れるのに最も適切なものを，
六つの選択肢$\left(①〜⑥\right)$のうちから一つずつ選びなさい。選択肢は2回以上使ってもかまいません。

① half   ② least

③ unchanged   ④ becomes difficult to read

⑤ maintenance increased   ⑥ needs high-quality printer

問32　講義の内容と一致するものはどれか。最も適切なものを，四つの選択肢
$\left(①〜④\right)$のうちから一つ選びなさい。　32

① Among the attempted solutions the speaker showed, printing two pages
   on one sheet consumed the least amount of paper.

② Printing four pages on one sheet is very effective for reducing the paper
   costs and is highly recommended.

③ The more we print on the both sides of the paper, the more often we need
   to call for maintenance.

④ Using a copying machine or a high-quality personal printer is needless
   work when printing two pages on one sheet.

第5問はさらに続きます。 ⟹

*3-95 **問**33　講義の続きを聞き，**下の図から読み取れる情報と講義全体の内容から**どのようなことが言えるか，最も適切なものを，四つの選択肢（**①** ～ **④**）のうちから一つ選びなさい。　　33

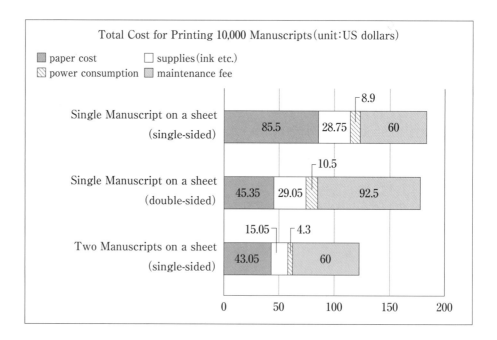

① If the maintenance fee falls down to 60 dollars, double-sided printing will be the most cost-effective solution.

② In order to lower the power consumption, we should spend more time to allow the ink on the sheets to dry.

③ Judging from the total cost of printing, using both sides of the paper is not necessarily a wise solution.

④ You'd better not print more than three manuscripts on one sheet, because the maintenance fee will increase.

第6問　音声は1回流れます。

第6問はAとBの二つの部分に分かれています。

A　第6問Aは問34・問35の2問です。二人の対話を聞き，それぞれの問いの答え として最も適切なものを，四つの選択肢（① ～ ④）のうちから一つずつ選びなさい。 （問いの英文は書かれています。）**状況と問いを読む時間が与えられた後，音声が 流れます。**

> 状況
>
> 友人同士が，日本旅行中に感じたことについて話をしています。

問34　What is the man's main point?　[34]

① He feels he has to study Japanese harder.

② He had been worried about the language for his next trip.

③ He thought that the shop needed more bilingual staff.

④ He was disappointed about the restaurants during his trip.

問35　Which of the following is true about the woman?　[35]

① She doesn't like to ask a clerk more than necessary.

② She is looking forward to her next visit to Japan.

③ She thinks that the man needs to study foreign languages.

④ She was pleased when she was given a souvenir.

B　第6問Bは問36・問37の2問です。会話を聞き，それぞれの問いの答えとして最も適切なものを，選択肢のうちから一つずつ選びなさい。下の表を参考にしてメモを取ってもかまいません。**状況と問いを読む時間が与えられた後，音声が流れます。**

状況

　四人の学生(Rose, Ben, Nancy, Yuji)が，SNSの利用について意見交換をしています。

Rose	
Ben	
Nancy	
Yuji	

*3-99 **問36**　会話が終わった時点で，SNSの利用に**肯定的だった人**は四人のうち何人でしたか。四つの選択肢(①～④)のうちから一つ選びなさい。　　| 36 |

   ① 1人

   ② 2人

   ③ 3人

   ④ 4人

問37 会話を踏まえて，Rose の意見を最もよく表している図表を，四つの選択肢（① 〜 ④）のうちから一つ選びなさい。 37

① Number of Trouble about Privacy on Social Media

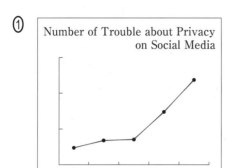

② ■ Purpose for Using Social Media

To Communicate with Friends	80.7%
To Collect Information	36.1%
To Make New Friends	17.0%
Other	25.3%

③ Rate of Company Using Social Media

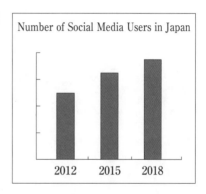

④ Number of Social Media Users in Japan

2012 2015 2018

Active Listening 大学入学共通テスト対応リスニング 30分
解答用紙 ［第1回］

注意事項
1. 訂正は，消しゴムできれいに消し，消しくずを残してはいけません。
2. 所定欄以外にはマークしたり記入したりしてはいけません。
3. 汚したり，折りまげたりしてはいけません。

	解答番号	解答欄 1234567890	配点	小計
第1問A	1	①②③④⑤⑥⑦⑧⑨⓪	4	
	2	①②③④⑤⑥⑦⑧⑨⓪	4	
	3	①②③④⑤⑥⑦⑧⑨⓪	4	
	4	①②③④⑤⑥⑦⑧⑨⓪	4	/16
第1問B	5	①②③④⑤⑥⑦⑧⑨⓪	3	
	6	①②③④⑤⑥⑦⑧⑨⓪	3	
	7	①②③④⑤⑥⑦⑧⑨⓪	3	/9
第2問	8	①②③④⑤⑥⑦⑧⑨⓪	4	
	9	①②③④⑤⑥⑦⑧⑨⓪	4	
	10	①②③④⑤⑥⑦⑧⑨⓪	4	
	11	①②③④⑤⑥⑦⑧⑨⓪	4	/16
第3問	12	①②③④⑤⑥⑦⑧⑨⓪	3	
	13	①②③④⑤⑥⑦⑧⑨⓪	3	
	14	①②③④⑤⑥⑦⑧⑨⓪	3	
	15	①②③④⑤⑥⑦⑧⑨⓪	3	
	16	①②③④⑤⑥⑦⑧⑨⓪	3	
	17	①②③④⑤⑥⑦⑧⑨⓪	3	/18
第4問A	18	①②③④⑤⑥⑦⑧⑨⓪	4	
	19	①②③④⑤⑥⑦⑧⑨⓪		
	20	①②③④⑤⑥⑦⑧⑨⓪		
	21	①②③④⑤⑥⑦⑧⑨⓪		
	22	①②③④⑤⑥⑦⑧⑨⓪	1	
	23	①②③④⑤⑥⑦⑧⑨⓪	1	
	24	①②③④⑤⑥⑦⑧⑨⓪	1	
	25	①②③④⑤⑥⑦⑧⑨⓪	1	/8

第4問B

	解答番号	解答欄 1234567890	配点	小計
	26	①②③④⑤⑥⑦⑧⑨⓪	4	/4
第5問	27	①②③④⑤⑥⑦⑧⑨⓪	3	
	28	①②③④⑤⑥⑦⑧⑨⓪	2	
	29	①②③④⑤⑥⑦⑧⑨⓪		
	30	①②③④⑤⑥⑦⑧⑨⓪	2	
	31	①②③④⑤⑥⑦⑧⑨⓪		
	32	①②③④⑤⑥⑦⑧⑨⓪	4	
	33	①②③④⑤⑥⑦⑧⑨⓪	4	/15
第6問A	34	①②③④⑤⑥⑦⑧⑨⓪	3	
	35	①②③④⑤⑥⑦⑧⑨⓪	3	/6
第6問B	36	①②③④⑤⑥⑦⑧⑨⓪	4	
	37	①②③④⑤⑥⑦⑧⑨⓪	4	/8

組	番号	名前	得点 /100

Active Listening 大学入学共通テスト対応リスニング 30分
解答用紙 ［第2回］

注意事項
1. 訂正は，消しゴムできれいに消し，消しくずを残してはいけません。
2. 所定欄以外にはマークしたり記入したりしてはいけません。
3. 汚したり，折りまげたりしてはいけません。

解答番号	解答欄 1 2 3 4 5 6 7 8 9 0	配点	小計
第1問A 1	①②③④⑤⑥⑦⑧⑨⓪	4	
第1問A 2	①②③④⑤⑥⑦⑧⑨⓪	4	
第1問A 3	①②③④⑤⑥⑦⑧⑨⓪	4	
第1問A 4	①②③④⑤⑥⑦⑧⑨⓪	4	/16
第1問B 5	①②③④⑤⑥⑦⑧⑨⓪	3	
第1問B 6	①②③④⑤⑥⑦⑧⑨⓪	3	
第1問B 7	①②③④⑤⑥⑦⑧⑨⓪	3	/9
第2問 8	①②③④⑤⑥⑦⑧⑨⓪	4	
第2問 9	①②③④⑤⑥⑦⑧⑨⓪	4	
第2問 10	①②③④⑤⑥⑦⑧⑨⓪	4	
第2問 11	①②③④⑤⑥⑦⑧⑨⓪	4	/16
第3問 12	①②③④⑤⑥⑦⑧⑨⓪	3	
第3問 13	①②③④⑤⑥⑦⑧⑨⓪	3	
第3問 14	①②③④⑤⑥⑦⑧⑨⓪	3	
第3問 15	①②③④⑤⑥⑦⑧⑨⓪	3	
第3問 16	①②③④⑤⑥⑦⑧⑨⓪	3	
第3問 17	①②③④⑤⑥⑦⑧⑨⓪	3	/18
第4問A 18	①②③④⑤⑥⑦⑧⑨⓪	4	
第4問A 19	①②③④⑤⑥⑦⑧⑨⓪		
第4問A 20	①②③④⑤⑥⑦⑧⑨⓪		
第4問A 21	①②③④⑤⑥⑦⑧⑨⓪		
第4問A 22	①②③④⑤⑥⑦⑧⑨⓪	1	
第4問A 23	①②③④⑤⑥⑦⑧⑨⓪	1	
第4問A 24	①②③④⑤⑥⑦⑧⑨⓪	1	
第4問A 25	①②③④⑤⑥⑦⑧⑨⓪	1	/8

第4問B

解答番号	解答欄	配点	小計
第4問B 26	①②③④⑤⑥⑦⑧⑨⓪	4	/4
第5問 27	①②③④⑤⑥⑦⑧⑨⓪	3	
第5問 28	①②③④⑤⑥⑦⑧⑨⓪	2	
第5問 29	①②③④⑤⑥⑦⑧⑨⓪		
第5問 30	①②③④⑤⑥⑦⑧⑨⓪	2	
第5問 31	①②③④⑤⑥⑦⑧⑨⓪		
第5問 32	①②③④⑤⑥⑦⑧⑨⓪	4	
第5問 33	①②③④⑤⑥⑦⑧⑨⓪	4	/15
第6問A 34	①②③④⑤⑥⑦⑧⑨⓪	3	
第6問A 35	①②③④⑤⑥⑦⑧⑨⓪	3	/6
第6問B 36	①②③④⑤⑥⑦⑧⑨⓪	4	
第6問B 37	①②③④⑤⑥⑦⑧⑨⓪	4	/8

組	番号	名前	得点
			/100

Active Listening 大学入学共通テスト対応リスニング 30分
解答用紙 ［第 3 回］

注意事項
1. 訂正は，消しゴムできれいに消し，消しくずを残してはいけません。
2. 所定欄以外にはマークしたり記入したりしてはいけません。
3. 汚したり，折りまげたりしてはいけません。

解答番号		解答欄 (1 2 3 4 5 6 7 8 9 0)	配点	小計
第1問A	1	① ② ③ ④ ⑤ ⑥ ⑦ ⑧ ⑨ ⑩	4	
	2	① ② ③ ④ ⑤ ⑥ ⑦ ⑧ ⑨ ⑩	4	
	3	① ② ③ ④ ⑤ ⑥ ⑦ ⑧ ⑨ ⑩	4	
	4	① ② ③ ④ ⑤ ⑥ ⑦ ⑧ ⑨ ⑩	4	/16
第1問B	5	① ② ③ ④ ⑤ ⑥ ⑦ ⑧ ⑨ ⑩	3	
	6	① ② ③ ④ ⑤ ⑥ ⑦ ⑧ ⑨ ⑩	3	
	7	① ② ③ ④ ⑤ ⑥ ⑦ ⑧ ⑨ ⑩	3	/9
第2問	8	① ② ③ ④ ⑤ ⑥ ⑦ ⑧ ⑨ ⑩	4	
	9	① ② ③ ④ ⑤ ⑥ ⑦ ⑧ ⑨ ⑩	4	
	10	① ② ③ ④ ⑤ ⑥ ⑦ ⑧ ⑨ ⑩	4	
	11	① ② ③ ④ ⑤ ⑥ ⑦ ⑧ ⑨ ⑩	4	/16
第3問	12	① ② ③ ④ ⑤ ⑥ ⑦ ⑧ ⑨ ⑩	3	
	13	① ② ③ ④ ⑤ ⑥ ⑦ ⑧ ⑨ ⑩	3	
	14	① ② ③ ④ ⑤ ⑥ ⑦ ⑧ ⑨ ⑩	3	
	15	① ② ③ ④ ⑤ ⑥ ⑦ ⑧ ⑨ ⑩	3	
	16	① ② ③ ④ ⑤ ⑥ ⑦ ⑧ ⑨ ⑩	3	
	17	① ② ③ ④ ⑤ ⑥ ⑦ ⑧ ⑨ ⑩	3	/18
第4問A	18	① ② ③ ④ ⑤ ⑥ ⑦ ⑧ ⑨ ⑩	4	
	19	① ② ③ ④ ⑤ ⑥ ⑦ ⑧ ⑨ ⑩		
	20	① ② ③ ④ ⑤ ⑥ ⑦ ⑧ ⑨ ⑩		
	21	① ② ③ ④ ⑤ ⑥ ⑦ ⑧ ⑨ ⑩		
	22	① ② ③ ④ ⑤ ⑥ ⑦ ⑧ ⑨ ⑩	1	
	23	① ② ③ ④ ⑤ ⑥ ⑦ ⑧ ⑨ ⑩	1	
	24	① ② ③ ④ ⑤ ⑥ ⑦ ⑧ ⑨ ⑩	1	
	25	① ② ③ ④ ⑤ ⑥ ⑦ ⑧ ⑨ ⑩	1	/8

第4問B

	解答番号	解答欄 (1 2 3 4 5 6 7 8 9 0)	配点	小計
	26	① ② ③ ④ ⑤ ⑥ ⑦ ⑧ ⑨ ⑩	4	/4
第5問	27	① ② ③ ④ ⑤ ⑥ ⑦ ⑧ ⑨ ⑩	3	
	28	① ② ③ ④ ⑤ ⑥ ⑦ ⑧ ⑨ ⑩	2	
	29	① ② ③ ④ ⑤ ⑥ ⑦ ⑧ ⑨ ⑩		
	30	① ② ③ ④ ⑤ ⑥ ⑦ ⑧ ⑨ ⑩	2	
	31	① ② ③ ④ ⑤ ⑥ ⑦ ⑧ ⑨ ⑩		
	32	① ② ③ ④ ⑤ ⑥ ⑦ ⑧ ⑨ ⑩	4	
	33	① ② ③ ④ ⑤ ⑥ ⑦ ⑧ ⑨ ⑩	4	/15
第6問A	34	① ② ③ ④ ⑤ ⑥ ⑦ ⑧ ⑨ ⑩	3	
	35	① ② ③ ④ ⑤ ⑥ ⑦ ⑧ ⑨ ⑩	3	/6
第6問B	36	① ② ③ ④ ⑤ ⑥ ⑦ ⑧ ⑨ ⑩	4	
	37	① ② ③ ④ ⑤ ⑥ ⑦ ⑧ ⑨ ⑩	4	/8

組	番号	名前	得点
			/100

Active Listening 大学入学共通テスト対応リスニング 30分
解答用紙 [第 4 回]

注意事項
1. 訂正は，消しゴムできれいに消し，消しくずを残してはいけません。
2. 所定欄以外にはマークしたり記入したりしてはいけません。
3. 汚したり，折りまげたりしてはいけません。

	解答番号	解答欄 1 2 3 4 5 6 7 8 9 0	配点	小計
第1問A	1	① ② ③ ④ ⑤ ⑥ ⑦ ⑧ ⑨ ⓪	4	
	2	① ② ③ ④ ⑤ ⑥ ⑦ ⑧ ⑨ ⓪	4	
	3	① ② ③ ④ ⑤ ⑥ ⑦ ⑧ ⑨ ⓪	4	
	4	① ② ③ ④ ⑤ ⑥ ⑦ ⑧ ⑨ ⓪	4	/16
第1問B	5	① ② ③ ④ ⑤ ⑥ ⑦ ⑧ ⑨ ⓪	3	
	6	① ② ③ ④ ⑤ ⑥ ⑦ ⑧ ⑨ ⓪	3	
	7	① ② ③ ④ ⑤ ⑥ ⑦ ⑧ ⑨ ⓪	3	/9
第2問	8	① ② ③ ④ ⑤ ⑥ ⑦ ⑧ ⑨ ⓪	4	
	9	① ② ③ ④ ⑤ ⑥ ⑦ ⑧ ⑨ ⓪	4	
	10	① ② ③ ④ ⑤ ⑥ ⑦ ⑧ ⑨ ⓪	4	
	11	① ② ③ ④ ⑤ ⑥ ⑦ ⑧ ⑨ ⓪	4	/16
第3問	12	① ② ③ ④ ⑤ ⑥ ⑦ ⑧ ⑨ ⓪	3	
	13	① ② ③ ④ ⑤ ⑥ ⑦ ⑧ ⑨ ⓪	3	
	14	① ② ③ ④ ⑤ ⑥ ⑦ ⑧ ⑨ ⓪	3	
	15	① ② ③ ④ ⑤ ⑥ ⑦ ⑧ ⑨ ⓪	3	
	16	① ② ③ ④ ⑤ ⑥ ⑦ ⑧ ⑨ ⓪	3	
	17	① ② ③ ④ ⑤ ⑥ ⑦ ⑧ ⑨ ⓪	3	/18
第4問A	18	① ② ③ ④ ⑤ ⑥ ⑦ ⑧ ⑨ ⓪		
	19	① ② ③ ④ ⑤ ⑥ ⑦ ⑧ ⑨ ⓪	4	
	20	① ② ③ ④ ⑤ ⑥ ⑦ ⑧ ⑨ ⓪		
	21	① ② ③ ④ ⑤ ⑥ ⑦ ⑧ ⑨ ⓪		
	22	① ② ③ ④ ⑤ ⑥ ⑦ ⑧ ⑨ ⓪	1	
	23	① ② ③ ④ ⑤ ⑥ ⑦ ⑧ ⑨ ⓪	1	
	24	① ② ③ ④ ⑤ ⑥ ⑦ ⑧ ⑨ ⓪	1	
	25	① ② ③ ④ ⑤ ⑥ ⑦ ⑧ ⑨ ⓪	1	/8

第4問B

	解答番号	解答欄 1 2 3 4 5 6 7 8 9 0	配点	小計
第5問	26	① ② ③ ④ ⑤ ⑥ ⑦ ⑧ ⑨ ⓪	4	/4
	27	① ② ③ ④ ⑤ ⑥ ⑦ ⑧ ⑨ ⓪	3	
	28	① ② ③ ④ ⑤ ⑥ ⑦ ⑧ ⑨ ⓪	2	
	29	① ② ③ ④ ⑤ ⑥ ⑦ ⑧ ⑨ ⓪		
	30	① ② ③ ④ ⑤ ⑥ ⑦ ⑧ ⑨ ⓪	2	
	31	① ② ③ ④ ⑤ ⑥ ⑦ ⑧ ⑨ ⓪		
	32	① ② ③ ④ ⑤ ⑥ ⑦ ⑧ ⑨ ⓪	4	
	33	① ② ③ ④ ⑤ ⑥ ⑦ ⑧ ⑨ ⓪	4	/15
第6問A	34	① ② ③ ④ ⑤ ⑥ ⑦ ⑧ ⑨ ⓪	3	
	35	① ② ③ ④ ⑤ ⑥ ⑦ ⑧ ⑨ ⓪	3	/6
第6問B	36	① ② ③ ④ ⑤ ⑥ ⑦ ⑧ ⑨ ⓪	4	
	37	① ② ③ ④ ⑤ ⑥ ⑦ ⑧ ⑨ ⓪	4	/8

組	番号	名前

得点
/100

Active Listening 大学入学共通テスト対応リスニング 30分
解答用紙［第5回］

注意事項
1. 訂正は，消しゴムできれいに消し，消しくずを残してはいけません。
2. 所定欄以外にはマークしたり記入したりしてはいけません。
3. 汚したり，折りまげたりしてはいけません。

	解答番号	解答欄 1 2 3 4 5 6 7 8 9 0	配点	小計
第1問A	1	① ② ③ ④ ⑤ ⑥ ⑦ ⑧ ⑨ ⓪	4	
	2	① ② ③ ④ ⑤ ⑥ ⑦ ⑧ ⑨ ⓪	4	
	3	① ② ③ ④ ⑤ ⑥ ⑦ ⑧ ⑨ ⓪	4	
	4	① ② ③ ④ ⑤ ⑥ ⑦ ⑧ ⑨ ⓪	4	/16
第1問B	5	① ② ③ ④ ⑤ ⑥ ⑦ ⑧ ⑨ ⓪	3	
	6	① ② ③ ④ ⑤ ⑥ ⑦ ⑧ ⑨ ⓪	3	
	7	① ② ③ ④ ⑤ ⑥ ⑦ ⑧ ⑨ ⓪	3	/9
第2問	8	① ② ③ ④ ⑤ ⑥ ⑦ ⑧ ⑨ ⓪	4	
	9	① ② ③ ④ ⑤ ⑥ ⑦ ⑧ ⑨ ⓪	4	
	10	① ② ③ ④ ⑤ ⑥ ⑦ ⑧ ⑨ ⓪	4	
	11	① ② ③ ④ ⑤ ⑥ ⑦ ⑧ ⑨ ⓪	4	/16
第3問	12	① ② ③ ④ ⑤ ⑥ ⑦ ⑧ ⑨ ⓪	3	
	13	① ② ③ ④ ⑤ ⑥ ⑦ ⑧ ⑨ ⓪	3	
	14	① ② ③ ④ ⑤ ⑥ ⑦ ⑧ ⑨ ⓪	3	
	15	① ② ③ ④ ⑤ ⑥ ⑦ ⑧ ⑨ ⓪	3	
	16	① ② ③ ④ ⑤ ⑥ ⑦ ⑧ ⑨ ⓪	3	
	17	① ② ③ ④ ⑤ ⑥ ⑦ ⑧ ⑨ ⓪	3	/18
第4問A	18	① ② ③ ④ ⑤ ⑥ ⑦ ⑧ ⑨ ⓪	4	
	19	① ② ③ ④ ⑤ ⑥ ⑦ ⑧ ⑨ ⓪		
	20	① ② ③ ④ ⑤ ⑥ ⑦ ⑧ ⑨ ⓪		
	21	① ② ③ ④ ⑤ ⑥ ⑦ ⑧ ⑨ ⓪		
	22	① ② ③ ④ ⑤ ⑥ ⑦ ⑧ ⑨ ⓪	1	
	23	① ② ③ ④ ⑤ ⑥ ⑦ ⑧ ⑨ ⓪	1	
	24	① ② ③ ④ ⑤ ⑥ ⑦ ⑧ ⑨ ⓪	1	
	25	① ② ③ ④ ⑤ ⑥ ⑦ ⑧ ⑨ ⓪	1	/8

第4問B

	解答番号	解答欄 1 2 3 4 5 6 7 8 9 0	配点	小計
第5問	26	① ② ③ ④ ⑤ ⑥ ⑦ ⑧ ⑨ ⓪	4	/4
	27	① ② ③ ④ ⑤ ⑥ ⑦ ⑧ ⑨ ⓪	3	
	28	① ② ③ ④ ⑤ ⑥ ⑦ ⑧ ⑨ ⓪	2	
	29	① ② ③ ④ ⑤ ⑥ ⑦ ⑧ ⑨ ⓪		
	30	① ② ③ ④ ⑤ ⑥ ⑦ ⑧ ⑨ ⓪	2	
	31	① ② ③ ④ ⑤ ⑥ ⑦ ⑧ ⑨ ⓪		
	32	① ② ③ ④ ⑤ ⑥ ⑦ ⑧ ⑨ ⓪	4	
	33	① ② ③ ④ ⑤ ⑥ ⑦ ⑧ ⑨ ⓪	4	/15
第6問A	34	① ② ③ ④ ⑤ ⑥ ⑦ ⑧ ⑨ ⓪	3	
	35	① ② ③ ④ ⑤ ⑥ ⑦ ⑧ ⑨ ⓪	3	/6
第6問B	36	① ② ③ ④ ⑤ ⑥ ⑦ ⑧ ⑨ ⓪	4	
	37	① ② ③ ④ ⑤ ⑥ ⑦ ⑧ ⑨ ⓪	4	/8

組	番号	名前	得点 /100

Active Listening 大学入学共通テスト対応リスニング 30分
解答用紙 ［第6回］

注意事項
1. 訂正は，消しゴムできれいに消し，消しくずを残してはいけません。
2. 所定欄以外にはマークしたり記入したりしてはいけません。
3. 汚したり，折りまげたりしてはいけません。

解答番号	解答欄 1 2 3 4 5 6 7 8 9 0	配点	小計
第1問A 1	① ② ③ ④ ⑤ ⑥ ⑦ ⑧ ⑨ ⓪	4	
2	① ② ③ ④ ⑤ ⑥ ⑦ ⑧ ⑨ ⓪	4	
3	① ② ③ ④ ⑤ ⑥ ⑦ ⑧ ⑨ ⓪	4	
4	① ② ③ ④ ⑤ ⑥ ⑦ ⑧ ⑨ ⓪	4	/16
第1問B 5	① ② ③ ④ ⑤ ⑥ ⑦ ⑧ ⑨ ⓪	3	
6	① ② ③ ④ ⑤ ⑥ ⑦ ⑧ ⑨ ⓪	3	
7	① ② ③ ④ ⑤ ⑥ ⑦ ⑧ ⑨ ⓪	3	/9
第2問 8	① ② ③ ④ ⑤ ⑥ ⑦ ⑧ ⑨ ⓪	4	
9	① ② ③ ④ ⑤ ⑥ ⑦ ⑧ ⑨ ⓪	4	
10	① ② ③ ④ ⑤ ⑥ ⑦ ⑧ ⑨ ⓪	4	
11	① ② ③ ④ ⑤ ⑥ ⑦ ⑧ ⑨ ⓪	4	/16
第3問 12	① ② ③ ④ ⑤ ⑥ ⑦ ⑧ ⑨ ⓪	3	
13	① ② ③ ④ ⑤ ⑥ ⑦ ⑧ ⑨ ⓪	3	
14	① ② ③ ④ ⑤ ⑥ ⑦ ⑧ ⑨ ⓪	3	
15	① ② ③ ④ ⑤ ⑥ ⑦ ⑧ ⑨ ⓪	3	
16	① ② ③ ④ ⑤ ⑥ ⑦ ⑧ ⑨ ⓪	3	
17	① ② ③ ④ ⑤ ⑥ ⑦ ⑧ ⑨ ⓪	3	/18
第4問A 18	① ② ③ ④ ⑤ ⑥ ⑦ ⑧ ⑨ ⓪		
19	① ② ③ ④ ⑤ ⑥ ⑦ ⑧ ⑨ ⓪		
20	① ② ③ ④ ⑤ ⑥ ⑦ ⑧ ⑨ ⓪	4	
21	① ② ③ ④ ⑤ ⑥ ⑦ ⑧ ⑨ ⓪		
22	① ② ③ ④ ⑤ ⑥ ⑦ ⑧ ⑨ ⓪	1	
23	① ② ③ ④ ⑤ ⑥ ⑦ ⑧ ⑨ ⓪	1	
24	① ② ③ ④ ⑤ ⑥ ⑦ ⑧ ⑨ ⓪	1	
25	① ② ③ ④ ⑤ ⑥ ⑦ ⑧ ⑨ ⓪	1	/8

第4問B

解答番号	解答欄	配点	小計
26	① ② ③ ④ ⑤ ⑥ ⑦ ⑧ ⑨ ⓪	4	/4
第5問 27	① ② ③ ④ ⑤ ⑥ ⑦ ⑧ ⑨ ⓪	3	
28	① ② ③ ④ ⑤ ⑥ ⑦ ⑧ ⑨ ⓪	2	
29	① ② ③ ④ ⑤ ⑥ ⑦ ⑧ ⑨ ⓪		
30	① ② ③ ④ ⑤ ⑥ ⑦ ⑧ ⑨ ⓪	2	
31	① ② ③ ④ ⑤ ⑥ ⑦ ⑧ ⑨ ⓪		
32	① ② ③ ④ ⑤ ⑥ ⑦ ⑧ ⑨ ⓪	4	
33	① ② ③ ④ ⑤ ⑥ ⑦ ⑧ ⑨ ⓪	4	/15
第6問A 34	① ② ③ ④ ⑤ ⑥ ⑦ ⑧ ⑨ ⓪	3	
35	① ② ③ ④ ⑤ ⑥ ⑦ ⑧ ⑨ ⓪	3	/6
第6問B 36	① ② ③ ④ ⑤ ⑥ ⑦ ⑧ ⑨ ⓪	4	
37	① ② ③ ④ ⑤ ⑥ ⑦ ⑧ ⑨ ⓪	4	/8

組	番号	名前		得点 /100

Active Listening 大学入学共通テスト対応リスニング 30分

解答用紙 ［第 7 回］

注意事項
1. 訂正は，消しゴムできれいに消し，消しくずを残してはいけません。
2. 所定欄以外にはマークしたり記入したりしてはいけません。
3. 汚したり，折りまげたりしてはいけません。

	解答番号	解答欄 1234567890	配点	小計
第1問A	1	①②③④⑤⑥⑦⑧⑨⓪	4	
	2	①②③④⑤⑥⑦⑧⑨⓪	4	
	3	①②③④⑤⑥⑦⑧⑨⓪	4	
	4	①②③④⑤⑥⑦⑧⑨⓪	4	/16
第1問B	5	①②③④⑤⑥⑦⑧⑨⓪	3	
	6	①②③④⑤⑥⑦⑧⑨⓪	3	
	7	①②③④⑤⑥⑦⑧⑨⓪	3	/9
第2問	8	①②③④⑤⑥⑦⑧⑨⓪	4	
	9	①②③④⑤⑥⑦⑧⑨⓪	4	
	10	①②③④⑤⑥⑦⑧⑨⓪	4	
	11	①②③④⑤⑥⑦⑧⑨⓪	4	/16
第3問	12	①②③④⑤⑥⑦⑧⑨⓪	3	
	13	①②③④⑤⑥⑦⑧⑨⓪	3	
	14	①②③④⑤⑥⑦⑧⑨⓪	3	
	15	①②③④⑤⑥⑦⑧⑨⓪	3	
	16	①②③④⑤⑥⑦⑧⑨⓪	3	
	17	①②③④⑤⑥⑦⑧⑨⓪	3	/18
第4問A	18	①②③④⑤⑥⑦⑧⑨⓪	4	
	19	①②③④⑤⑥⑦⑧⑨⓪		
	20	①②③④⑤⑥⑦⑧⑨⓪		
	21	①②③④⑤⑥⑦⑧⑨⓪		
	22	①②③④⑤⑥⑦⑧⑨⓪	1	
	23	①②③④⑤⑥⑦⑧⑨⓪	1	
	24	①②③④⑤⑥⑦⑧⑨⓪	1	
	25	①②③④⑤⑥⑦⑧⑨⓪	1	/8

第4問B

	解答番号	1234567890	配点	小計
	26	①②③④⑤⑥⑦⑧⑨⓪	4	/4
第5問	27	①②③④⑤⑥⑦⑧⑨⓪	3	
	28	①②③④⑤⑥⑦⑧⑨⓪	2	
	29	①②③④⑤⑥⑦⑧⑨⓪		
	30	①②③④⑤⑥⑦⑧⑨⓪	2	
	31	①②③④⑤⑥⑦⑧⑨⓪		
	32	①②③④⑤⑥⑦⑧⑨⓪	4	
	33	①②③④⑤⑥⑦⑧⑨⓪	4	/15
第6問A	34	①②③④⑤⑥⑦⑧⑨⓪	3	
	35	①②③④⑤⑥⑦⑧⑨⓪	3	/6
第6問B	36	①②③④⑤⑥⑦⑧⑨⓪	4	
	37	①②③④⑤⑥⑦⑧⑨⓪	4	/8

組	番号	名前		得点
				/100

Active Listening 大学入学共通テスト対応リスニング 30分
ふり返りシート

	第1回 月　　日	第2回 月　　日	第3回 月　　日	第4回 月　　日	第5回 月　　日	第6回 月　　日	第7回 月　　日
第1問A	/16	/16	/16	/16	/16	/16	/16
第1問B	/9	/9	/9	/9	/9	/9	/9
第2問	/16	/16	/16	/16	/16	/16	/16
第3問	/18	/18	/18	/18	/18	/18	/18
第4問A	/8	/8	/8	/8	/8	/8	/8
第4問B	/4	/4	/4	/4	/4	/4	/4
第5問	/15	/15	/15	/15	/15	/15	/15
第6問A	/6	/6	/6	/6	/6	/6	/6
第6問B	/8	/8	/8	/8	/8	/8	/8
合　計	/100	/100	/100	/100	/100	/100	/100

第1回

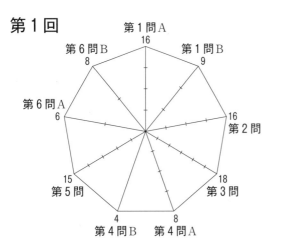

第2回

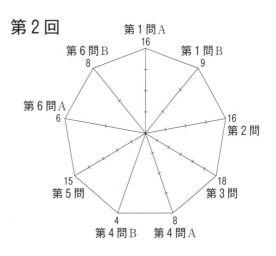

第3回

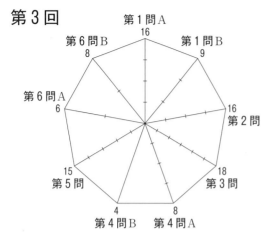

第4回

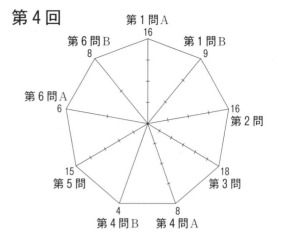

第5回

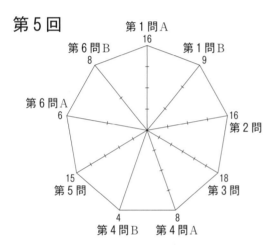

第6回

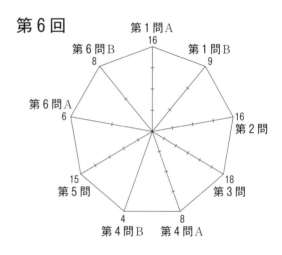

第7回

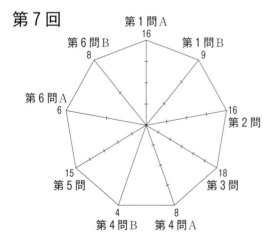